지구 🌏 태양계 🪐 우주 탐사에 대한 왁자지껄 과학 만화!

이것저것들의 하루

우주 똥, 태양풍 그리고 빅뱅의 하루

A DAY IN THE LIFE OF AN ASTRONAUT, MARS AND THE DISTANT STARS

Text and layout © Mike Barfield 2022
Illustrations copyright © Buster Books 2022
All rights reserved.

Korean translation copyright © 2022 by Wisdom House, Inc.
Korean translation rights arranged with Michael O'Mara Books Limited
through EYA Co.,Ltd

이 책의 한국어판 저작권은 EYA Co.,Ltd를 통해 Michael O'Mara Books Limited와 독점 계약한
주식회사 위즈덤하우스가 소유합니다.
저작권법에 의하여 한국 내에서 보호를 받는 저작물이므로 무단 전재 및 복제를 금합니다.

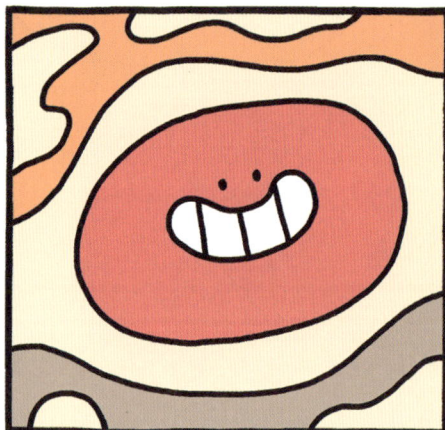
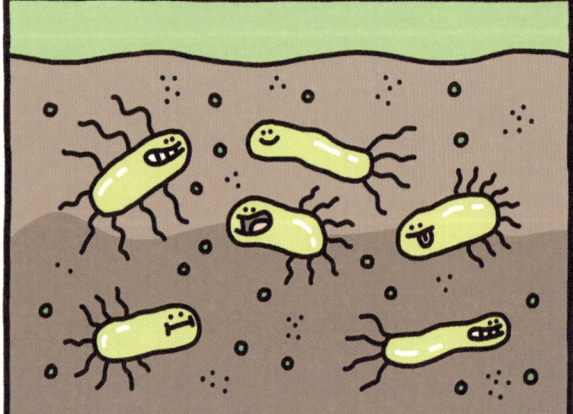

지구, 태양계, 우주 탐사에 대한 왁자지껄 과학 만화!
이것저것들의 하루 4
우주 똥, 태양풍 그리고 빅뱅의 하루

초판 1쇄 발행 2022년 11월 16일 **초판 4쇄 발행** 2024년 3월 12일

글 마이크 바필드
그림 제스 브래들리
옮김 김현희
한국어판 감수 이명현
펴낸이 이승현

출판3 본부장 최순영
교양 학습 팀장 김솔미
키즈 디자인 팀장 이수현
표지 디자인 오세라 **본문 디자인** 김효정

펴낸곳 ㈜위즈덤하우스 **출판등록** 2000년 5월 23일 제13-1071호
제조국 대한민국 **주소** 서울특별시 마포구 양화로 19 합정오피스빌딩 17층
전화 02) 2179-5600
전자우편 kids@wisdomhouse.co.kr **홈페이지** www.wisdomhouse.co.kr
ISBN 979-11-6812-494-3 73440

* 이 책의 전부 또는 일부 내용을 재사용하려면 반드시 사전에 저작권자와
  ㈜위즈덤하우스의 동의를 받아야 합니다.
* 인쇄·제작 및 유통상의 파본 도서는 구입하신 서점에서 바꿔드립니다.
* 책값은 뒤표지에 있습니다.
* 이 책의 사용 연령은 8~13세입니다.

지구 🌏 태양계 🪐 우주 탐사에 대한 왁자지껄 과학 만화!

이것저것들의 하루

우주 똥, 태양풍 그리고 빅뱅의 하루

글 마이크 바필드
그림 제스 브래들리
옮김 김현희
한국어판 감수 이명현

위즈덤하우스

차례

이 책을 소개할게!	6

태양계

태양계의 우리 이웃들	8
넓고 텅 빈 우주	10
놀라운 대기권	11
당겨라! 중력 I	12
태양계를 만든 힘 중력 II	13
태양의 모든 것	14
햇빛 '레이'의 비밀 일기	16
모자라지 않아! 내행성	18

무시무시한 황산 구름	19
우주의 양파 지구	20
아주 특별한 생명체	21
움직이는 알갱이 '거스'의 비밀 일기	22
밤하늘을 환하게! 달의 앞면	24
달까지 날아간 깃털	25
부끄럼쟁이가 아니야! 달의 뒷면	26
일식과 월식의 비밀	27
태양계 최대! 올림푸스 화산	28
붉은 행성 화성	29
개성 만점 소행성	30
목성 팬클럽 트로이 소행성군	31
붉은 폭풍 '팽팽'의 비밀 일기	32
거대한 피자 이오	34

가장 멋진 목성의 위성은?	35
날아라! 유성체	36
땅으로 쾅! 운석	37
반짝반짝 얼음 고리	38
토성의 위성 TOP5	39
누워서 빙빙 도는 천왕성	40
쓸쓸한 해왕성	41
명왕성이었던 왜소 행성	42

지구 밖 우주 공간

북적북적 오르트 구름	44
눈덩이의 여행	45
혜성 '핼리'의 비밀 일기	46
별들의 엄마 성운	48
아름답고 신비한 성운들	49
반짝이지 않아! 작은 별	50
별의 일생 이야기	51
지금이 딱 좋아! 태양	52
별에서 태어난 성간 물질	53

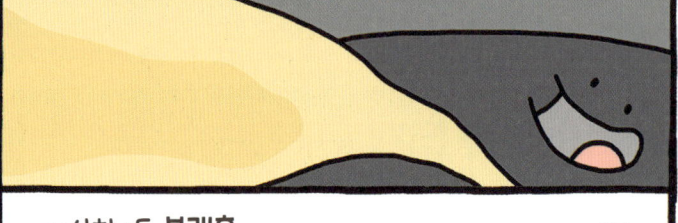

이상한 1등 블랙홀	54
우주의 좀비 중성자별	55
오리온자리 점 잇기 놀이	56
태양 길의 별자리 황도 12궁	57
북쪽 하늘엔 북극성 남쪽 하늘엔 남십자성	58
빛나는 짝꿍 별들	59

아름답지? 우리 은하	60
은하 탐사를 떠나자!	61
유에프오가 아니야! 오우무아무아	62
소행성 충돌을 막아라!	63
빅뱅 '우나'의 비밀 일기	64
정체를 밝혀라! 암흑 에너지	66
따라쟁이 슈퍼 지구	67
언제쯤 도착할까? 자동차로 우주여행	68

우주 탐사

전쟁 무기에서 탐사 장비로! 로켓	70
아주 간단한 로켓의 역사	71
쉿! 미스터리 맨	72
달에 착륙한 성조기	73
우리가 최고! 소련의 로켓들	74
우리가 더 최고! 미국의 로켓들	75
삐삐삐 스푸트니크 1호	76
우주로 간 동물들	77
우주 원숭이 '베이커'의 비밀 일기	78
내가 진짜 패스트푸드	80
이름난 우주 비행사	81
우주인 화가의 색연필	82
고향이 그리워! 월석	83
달나라 왕복 여행	84
없으면 안 돼! 산소	86
달 위를 달리는 자동차	87
잘 가! 미르 우주 정거장	88
우주 정거장의 어제와 오늘	89
우주 생쥐 '찍찍이'의 비밀 일기	90
어떡하지? 우주 똥	92
누가 좀 치워 줄래? 우주 쓰레기	93
외계인을 위한 소리 골든 레코드	94
어디까지 갈까? 무인 우주 탐사선	95
혜성 사냥꾼 '로제타'의 비밀 일기	96
왔다 갔다 재사용 로켓	98
디스커버리호의 여행	99
외로운 허블 망원경	100
더 깊은 우주를 향한 관측 기구	101
세계 최대 망원경의 주 거울	102
내 신호가 들리니? 전파 망원경	103
우주 비행사가 되는 방법	104
울렁울렁 우주 위장	106
우주에 가면 생기는 위험한 일	107
우주 생활은 즐거워!	108
슈퍼 히어로 물곰	110
우주복 입고 살아남기	111
달에서 틔운 목화 새싹	112
로켓 발사 준비 끝!	113
우주로 떠난 마네킹	114
우주 공학자의 아이디어 물총	115
우주 개발에서 시작된 발명품	116
다시 달을 향해! 아르테미스 계획	117
멀지 않은 미래의 화성인	118
꿈은 이루어진다	119
여전한 미스터리! 유에프오	120
단어 뜻을 알려 줄게!	121
빠르게 찾아봐!	126
저자 소개	127

이 책을 소개할게!

《이것저것들의 하루_우주 똥, 태양풍 그리고 빅뱅의 하루》는
우리가 사는 지구 너머의 세계를 흥미진진하고 재미있게 설명한 안내서야.
이 책은 '태양계', '지구 밖 우주 공간', '우주 탐사' 세 부분으로 나뉘어 있어.

이 책은 새롭고 신비로운 것들로 가득 차 있기 때문에
어디서부터 탐험을 시작해도 상관없어.
'이것저것의 하루'에서는 놀라운 우주 세계를 자세히 들여다볼 수 있고,
'요모조모 뜯어보기'에서는 더 깊이 있는 정보를 얻을 수 있어.
우주의 주인공들이 자신만의 이야기를 털어놓는
'비밀 일기'도 빼놓을 수 없는 재밋거리야.

이 책의 마지막에는 '단어 뜻을 알려 줄게!'가 있어.
우주여행을 하다가 외계인처럼 낯선 단어를 만났을 때
도움이 될 테니 꼭 참고해.
자, 이제 우주로 떠날 시간이야.
망설이지 말고 어서 다음 장을 펼쳐 봐!

 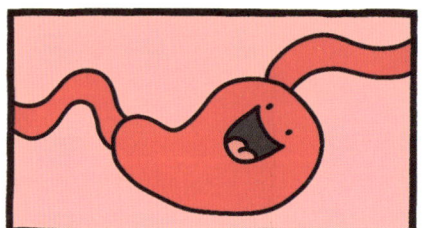 

이 책에 나오는 것들의 거리와 크기는 축척으로 표시할 수 없어. 그러기엔 너무 어마어마하거든!

태양계

태양은 지구에서 가장 가까운 별이야.
지구가 태양 둘레를 계속 빙빙 돌고 있다는 건 알지?
그럼 우주 안의 다른 천체는 어떨까?

끝없이 넓은 우주 가운데 태양의 힘이 미치는 공간을 **태양계**라고 해.

태양계 안에는 지구를 포함해 총 **여덟 개의 행성**이 있어.
이 행성들은 모두 태양을 중심으로 계속 빙빙 돌고 있지.

이번 장에서는 태양계 안에 있는
행성 여덟 개의 특징을 하나하나 알아볼 거야.
그 밖에 **달과 위성, 소행성** 등 태양계 안에 있는
다른 천체들에 대해서도 알려 줄게.

요모조모 뜯어보기 ~ 태양계의 우리 이웃들 ~

어서 와! 이곳은 우주에서 가장 살기 좋은 태양계야.
우주에서 생명체가 살 수 있다고 알려진 곳은 여기뿐이지.
태양계의 중심에는 당연히 태양이 있어. 태양은 중력이 강해.
그래서 행성 여덟 개와 수많은 천체가 태양 주변을 계속 빙빙 돌고 있지.
여러 천체가 한꺼번에 돌고 있으면 엄청 혼란스러울 것 같지?
신기하게도 태양계의 천체들은 46억 년 넘게 변함없이 계속 이렇게 움직이고 있어.
지금부터 태양계의 우리 이웃들을 만나 보자!

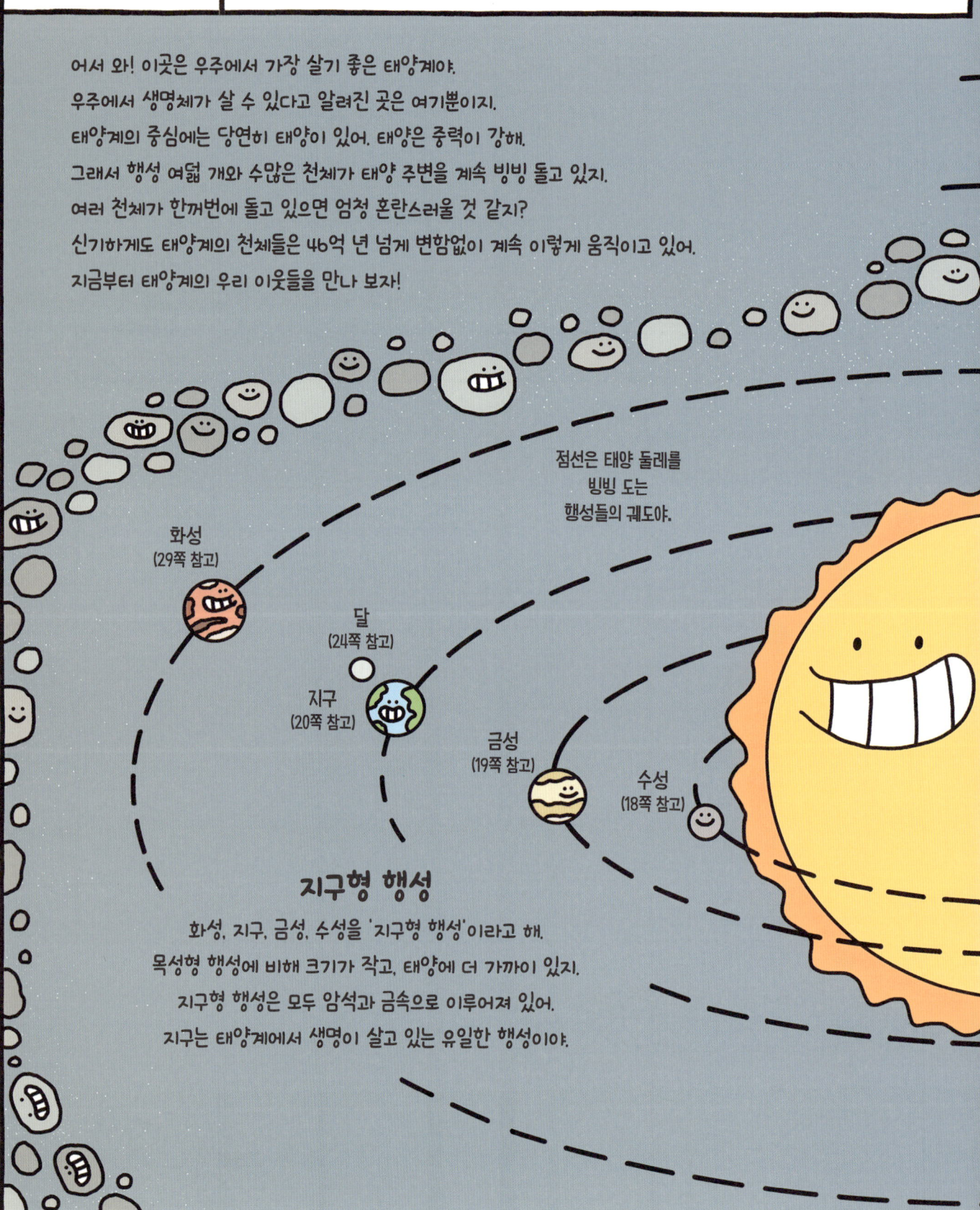

점선은 태양 둘레를 빙빙 도는 행성들의 궤도야.

화성 (29쪽 참고)
달 (24쪽 참고)
지구 (20쪽 참고)
금성 (19쪽 참고)
수성 (18쪽 참고)

지구형 행성

화성, 지구, 금성, 수성을 '지구형 행성'이라고 해.
목성형 행성에 비해 크기가 작고, 태양에 더 가까이 있지.
지구형 행성은 모두 암석과 금속으로 이루어져 있어.
지구는 태양계에서 생명이 살고 있는 유일한 행성이야.

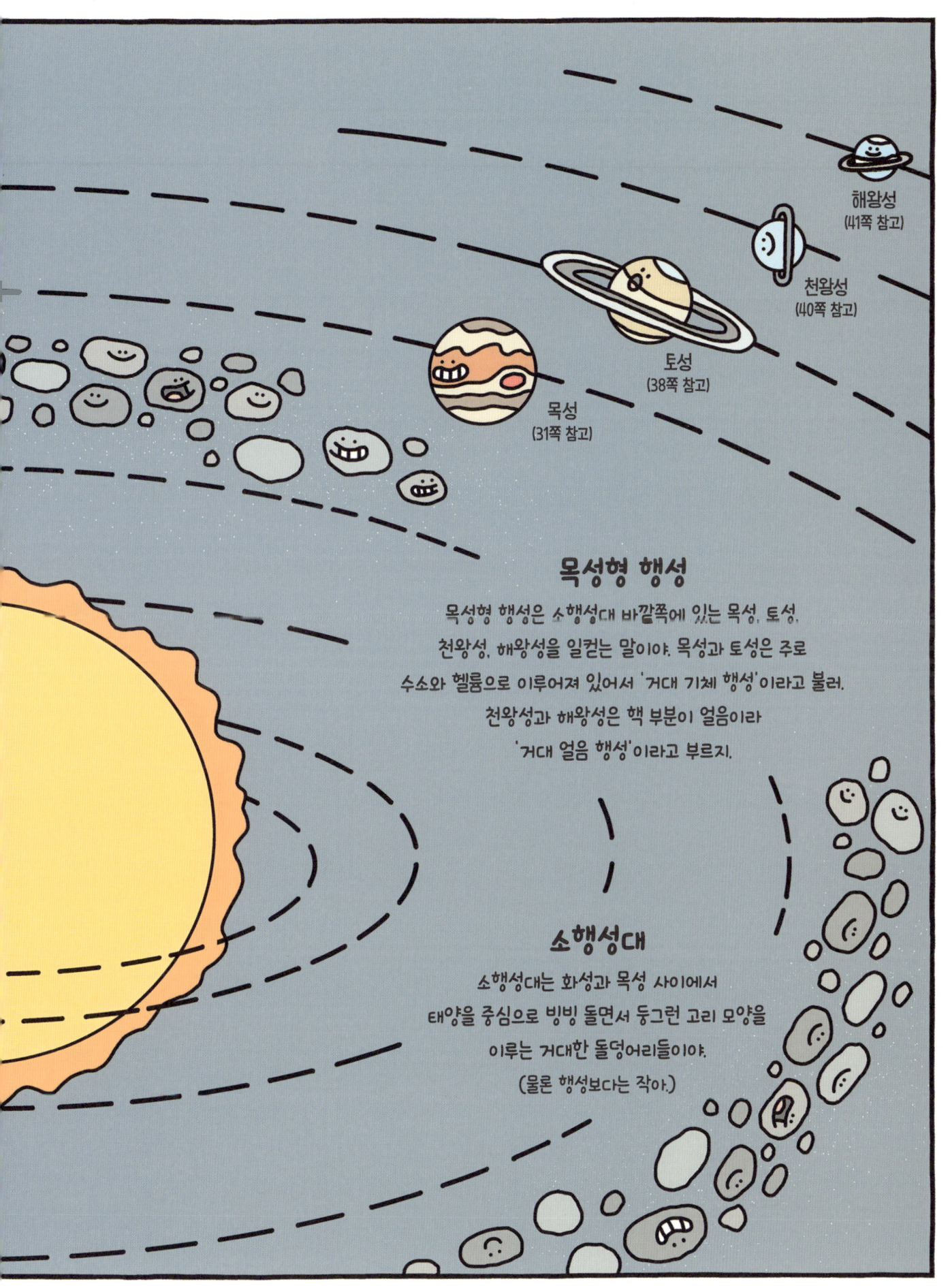

 이것저것의 하루

넓고 텅 빈 우주

안녕? 나는 우주야! 다들 들어와. 나는 어마어마하게 넓거든.

이곳이 넓은 건 나 같은 우주가 한두 개가 아니기 때문이야.*

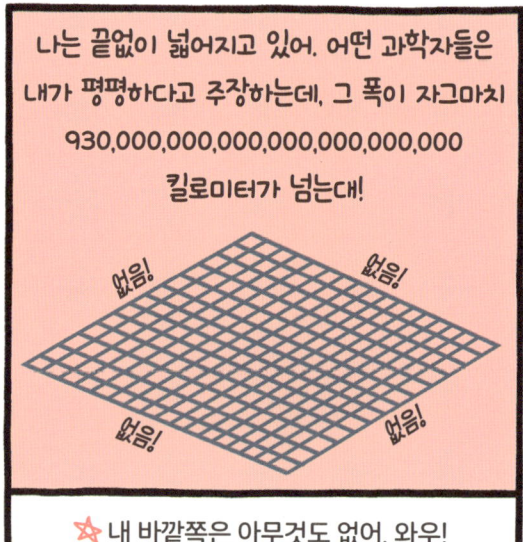

나는 끝없이 넓어지고 있어. 어떤 과학자들은 내가 평평하다고 주장하는데, 그 폭이 자그마치 930,000,000,000,000,000,000,000 킬로미터가 넘는대!

☆ 내 바깥쪽은 아무것도 없어. 와우!

나는 지구를 둘러싼 공기층의 바깥 공간 전부야. 너희가 서 있는 땅에서부터 약 100킬로미터 위쪽에 있지.

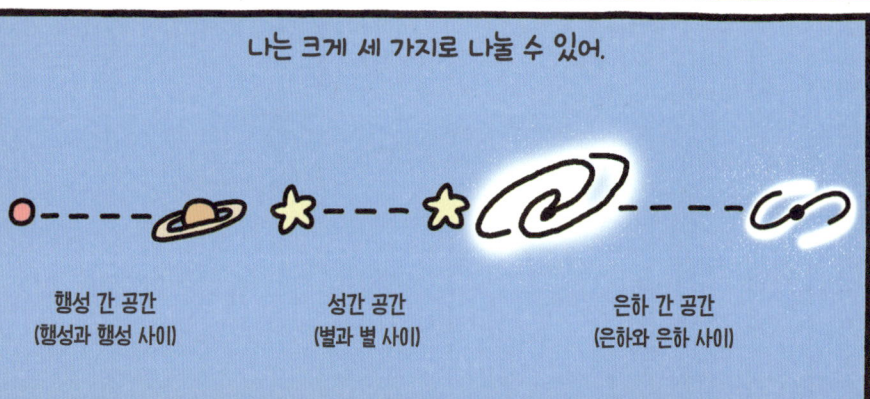

나는 크게 세 가지로 나눌 수 있어.

행성 간 공간 (행성과 행성 사이) / 성간 공간 (별과 별 사이) / 은하 간 공간 (은하와 은하 사이)

이 세 공간은 대부분 똑같은 것으로 채워져 있어. 그건 바로……

'없음'이야!

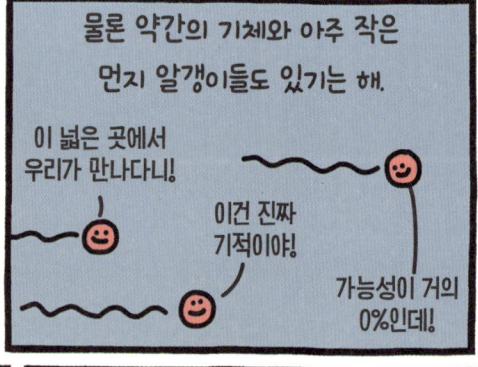

물론 약간의 기체와 아주 작은 먼지 알갱이들도 있기는 해.

빛을 비롯한 온갖 종류의 전자기파도 지나다니지.

하지만 대부분은 아무것도 없이 그저 우주라는 공간 자체만 있을 뿐이야. 그래서 아주 여유로워!

흠, 내가 너무 섣불리 말했나?

국제 우주 정거장 (89쪽 참고)

* 우주가 여러 개라는 건 '다중 우주론'이라는 주장이야. 이걸 의심하는 과학자도 있어.

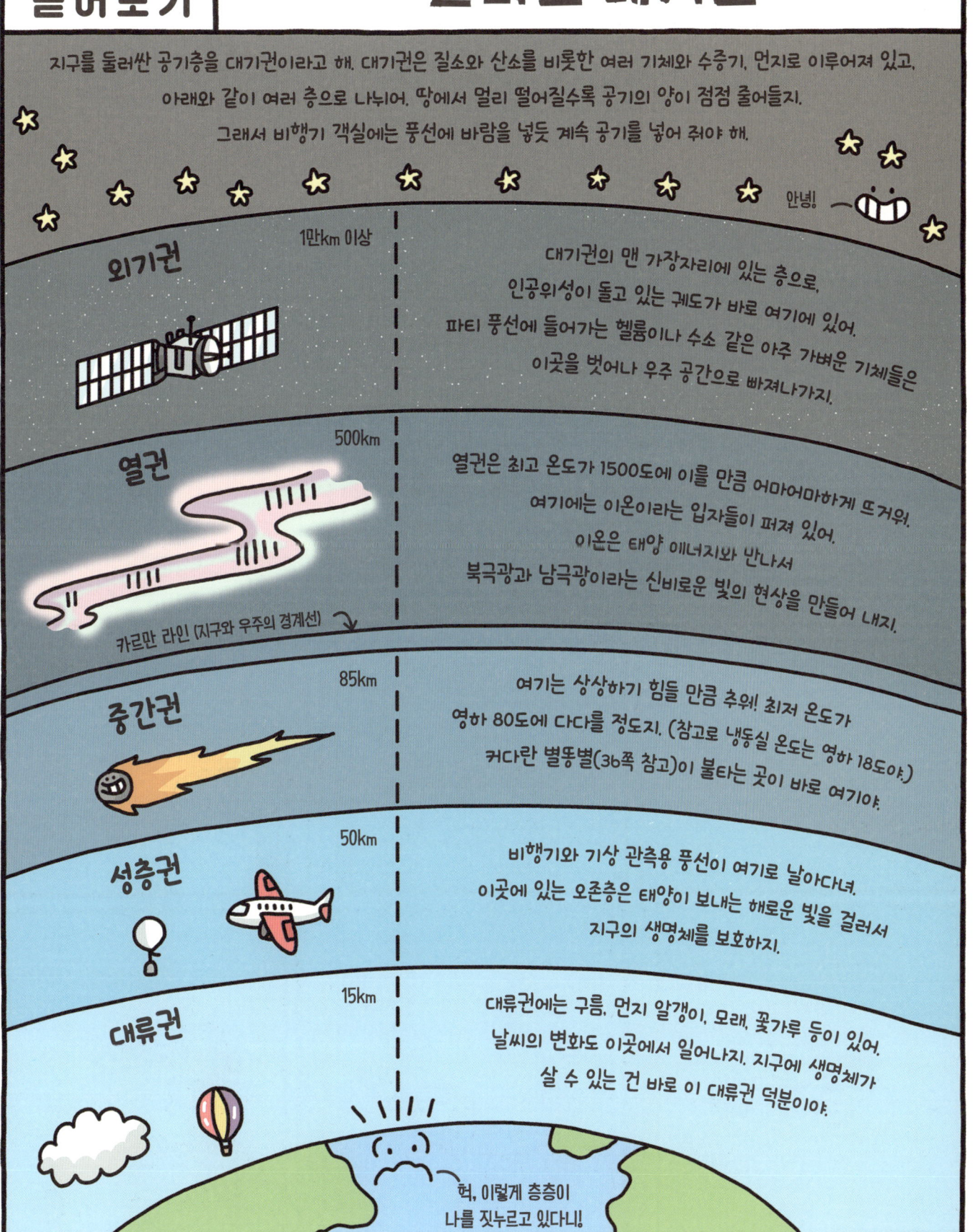

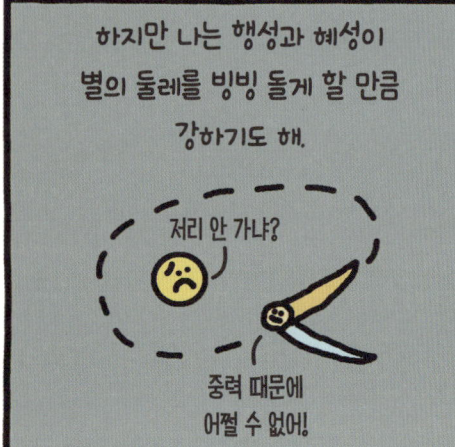

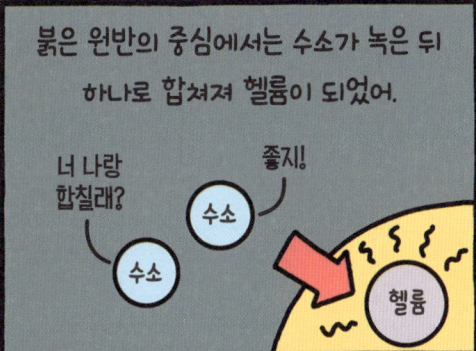

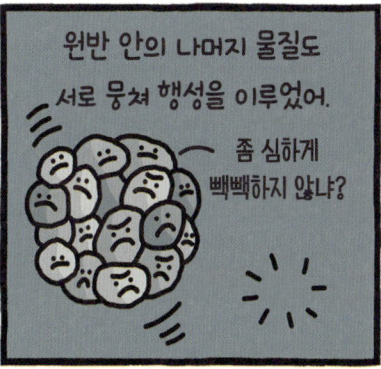

| 요모조모 뜯어보기 | ~~~ **태양의 모든 것** ~~~ |

눈부시게 빛나는 별, 태양은 뜨겁고 거대한 기체 덩어리야.
지구에서는 1억 5000만 킬로미터쯤 떨어져 있고, 태양계 전체 질량의 99.86퍼센트를 차지하지.
태양의 크기는 지구가 100만 개 넘게 들어가고도 남을 만큼 어마어마해.
태양은 우주 공간을 빙빙 돌고 있는 거대한 핵융합 발전소라고 할 수 있어.
태양이 내뿜는 엄청난 에너지 덕분에 지구에 생명체가 존재할 수 있지.
지구에서 가장 가까운 별인 태양에 대한 놀라운 사실 몇 가지를 알려 줄게.

질량

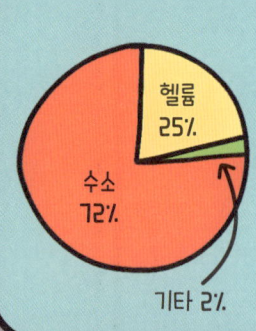

태양은 질량이 지구의 33만 배나 돼. 하지만 태양의 대부분은 우주에서 가장 가벼운 두 원소가 이루고 있어.

(헬륨 25%, 수소 72%, 기타 2%)

핵

태양의 중심부에는 어마어마하게 뜨거운 공 모양의 핵이 있어.
핵에서는 1500만 도에 이르는 높은 온도와
엄청난 압력 때문에 수소가 헬륨이 되는데,
이때 엄청난 양의 에너지가 나와.
이 과정을 '핵융합'이라고 해.

$$H + H = He + 에너지!$$
수소   수소   헬륨

태양의 핵에 있는 수소가 바닥나면
핵융합도 멈추겠지. 하지만 그건 약 50억 년 후에나
일어날 일이야! (52쪽 참고)

지구

복사층

핵에서 나온 에너지가
복사층을 거쳐 태양 밖으로 나가는 데는
100만 년이 걸릴 수도 있어.

흑점

태양의 나이는 40억 살이 넘는데 지금도 표면에 여드름 같은 게 있어. 이 부분은 주변보다 온도가 낮기 때문에 어둡게 보이고, 그래서 '흑점'이라고 불러. 물론 최고 온도가 4500도 정도니까 결코 낮은 온도라고 할 순 없겠지?

광구

광구는 눈부시게 빛나는 태양의 표면이야. 여러 색깔이 섞여 있기 때문에 우리 눈에는 하얗게 보이지.

타오르는 불꽃

이따금 광구 위로 뜨거운 플라스마*가 폭발하듯 세차게 솟구쳐. 이러한 현상을 태양 플레어라고 하고, 이때 고리 등의 모양으로 분출한 불꽃을 홍염이라고 해.

태양 플레어

홍염

광구

대류층

복사층

핵

금성

수성

빙빙 도는 뜨거운 가스

엑스선과 감마선

대류층

대류층에 있는 뜨거운 플라스마가 마구 요동치며 에너지를 태양의 표면으로 보내면 마침내 빛과 열로 퍼져 나가지.

경고!

맨눈은 물론이고 선글라스를 끼고도 태양을 직접 보는 건 위험한 짓이야. 자칫 영원히 시력을 잃을 수도 있어.

* 플라스마는 이온화된 기체야. 기체 상태의 물질을 아주 뜨겁게 가열하면 만들어져.

햇빛 '레이'의 비밀 일기

레이는 태양에서 뿜어져 나오는 한 줄기 햇빛이야.
지금부터 레이의 비밀 일기를 살짝 들여다보자!

0.0001초 경과

앗, 뜨거워! 지금 나는 온도가 5500도쯤 되는 태양의 광구에 있어.
방금 새로 생겨난 수십억 개의 빛 알갱이 친구들과 함께 있지.
아, 빨리 이곳을 떠나 우주로 날아갔으면! 이건 비밀인데,
우리는 아무것도 없는 진공에서 초속 30만 킬로미터로 움직일 수 있어.
우주 최고의 스피드왕이지!

1초 경과

나는 태양이 뿜어내는 엄청난 양의 빛 알갱이 가운데 하나일 뿐이야.
빛은 매우 빠른 속도로 곧게 나아가는 것 같지만,
자세히 보면 지렁이처럼 꿈틀거리며 움직여.
꿈틀대는 간격(파장)은 빛마다 다르고, 그에 따라 빛의 색깔이 결정돼.
파란빛은 파장이 짧은 편이고, 빨간빛은 파장이 긴 편이야.
초록빛은 중간 정도지. 햇빛이 흰색으로 보이는 건
서로 다른 색깔의 빛들이 합쳐 있기 때문이야. 신기하지 않니?

2초 경과

태양 빛은 가시광선, 자외선, 적외선으로 이루어져 있어.
가시광선은 사람의 눈에 보이는 빛이고, 자외선과 적외선은 보이지 않는 빛이야.
햇빛이 따뜻하게 느껴지는 건 적외선 때문이야. 너희 피부를
검게 그을리게 하는 건 자외선이지. 나는 곧 너희에게 닿을 거야.
그러니까 미리 선크림을 발라 둬!

~ 8분 18초 경과 ~

거의 다 왔어! 우리는 태양에서 출발한 지 3분 만에 수성을 지났고, 6분쯤 지났을 때는 금성 옆을 통과했어. 그리고 방금 지구의 오존층을 뚫고 지나왔는데, 여기서 해로운 자외선의 일부가 걸러지더라. 자, 어서 우리를 볼 준비를 해!

~ 8분 19초 경과 ~

나는 너희를 만나려고 약 1억 5000만 킬로미터(=1천문단위)를 날아왔어. 그런데 너희가 빛을 반사시키는 고글을 쓰고 있는 바람에 다시 우주로 튕겼지. 그래, 태양을 직접 보지 않으려고 고글을 쓴 긴 똑똑한 핀딘이야. 비록 나는 다시 우주로 밀려났지만 말이야. 이 넓은 곳에서 이제 어디로 갈까?

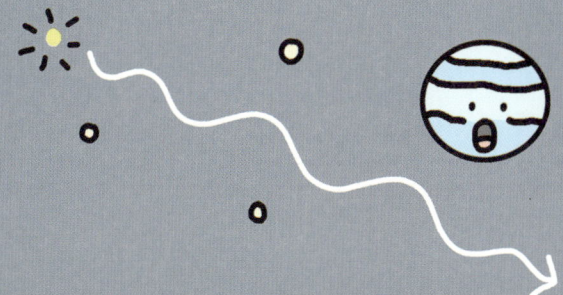

~ 4시간 12분 경과 ~

나는 여전히 우주를 날고 있어. 방금 해왕성을 지났는데, 내 뒤로 태양이 아주 멀리 어렴풋하게 보이네. 내가 떠났던 약 네 시간 전 태양의 모습이 어땠는지 이제야 알겠어. 이렇게 태양의 과거를 보고 있으니 정말 신기하다!

~ 1년 경과 ~

내가 태양을 떠나 빛의 속도로 나아가기 시작한 지 정확히 1년이 됐어! 그동안 내가 이동한 거리는 약 9조 5000억 킬로미터야. 과학자들은 이 거리를 '1광년'이라고 말해. 광년이라는 단위를 쓰면 천체 사이의 거리를 좀 더 간단하게 나타낼 수 있지. 1광년이나 지나왔으니 나는 이제 곧 태양계를 벗어날 거야. 잘 있어!

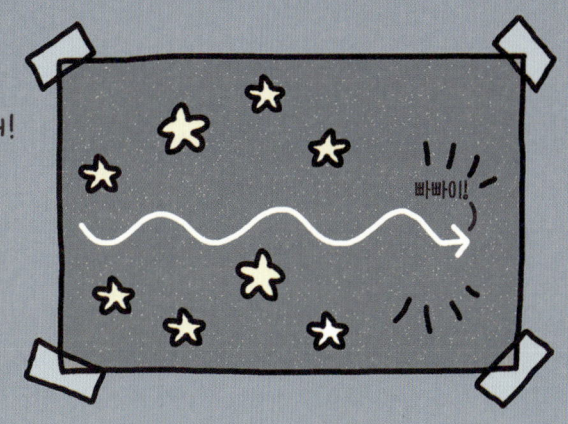

이것저것의 하루: 모자라지 않아! 내행성

안녕? 나는 수성이야. 내 주위를 도는 위성은 없어. 그렇다고 나와 금성을 '모자란 행성(inferior planet)'이라고 부른다더라? 우쒸, 기분 나빠!

내가 태양계 행성 가운데 가장 작은 건 사실이야. 지름이 4879킬로미터밖에 안 되거든.

나보다 아주 쪼끔 더 크군. 헤헤. / 웃지 마!
달 / 수성

하지만 나는 태양과 가장 가까이 있어. 태양 둘레를 도는 속도는 시속 17만 킬로미터로 행성 가운데 가장 빠르지!

어지러우니까 그만해! / 이히!

☆ 수성은 태양과 가까이 있기 때문에 지구에서 관찰하기가 어려워.

내 1년은 지구에서의 88일밖에 되지 않아. 그러니까 너희가 나한테 와서 산다면, 거의 석 달에 한 번씩 생일을 맞을 수 있어!

1 2 3 4
지구의 1년

안됐지만 그런 행운은 영원히 오지 않을 거야. 나는 낮에는 엄청 덥고 밤에는 엄청 추워서 인간이 결코 살 수 없거든.

어유, 더워! / 으으, 추워!
낮: 430도 / 밤: -180도

나는 태양계에서 밤낮의 기온 차가 가장 큰 행성이야.

또, 태양계에서 크레이터(작은 천체와 부딪쳐서 생긴 구덩이)가 가장 많은 행성이기도 해. 바흐나 베토벤 같은 유명한 음악가의 이름이 붙은 것도 있어.

내 이름은 BTS로 붙여 주면 안 될까? 헤헤.

가장 큰 크레이터인 칼로리스 분지는 그 안에 프랑스 전체가 쏙 들어가고도 남을 만큼 엄청나게 넓어.

그런데 내가 도대체 왜 '모자란 행성'이란 거야? 우쒸!

당장 설명해! / 아, 알았어......
지구

'모자란 행성'이란 건 영어를 잘못 번역해서 생긴 오해야.* 정확한 말은 '내행성'이야. 너와 금성이 태양 주위를 도는 궤도가 지구보다 더 안쪽에 있어서 그렇게 부르지.

지구 / 수성 / 태양 / 금성

이제 오해가 풀렸니? / 근데 왜 지구가 기준인 거지? / 그것도 기분 나빠!

지구 / 금성 / 수성

* 영어 'inferior'에는 '모자라다', '아래쪽의' 등 여러 뜻이 있거든.

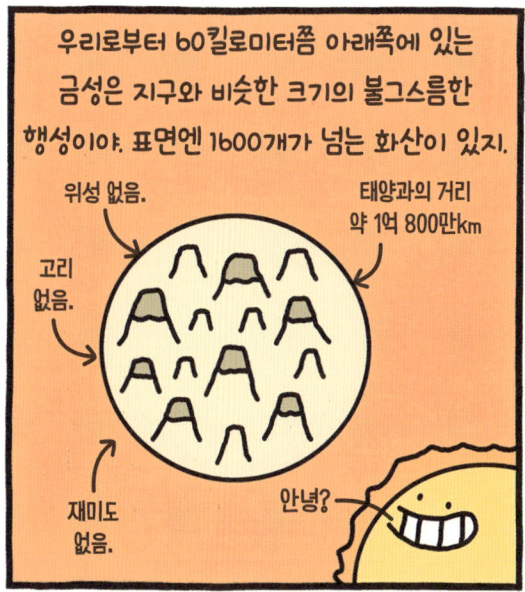

우주의 양파 지구

이것저것의 하루

안녕? 나는 '우주의 양파' 한가운데에 있는 내핵이야.

이 양파를 너희는 지구라고 부르더라. 아무튼 양파 속을 구경할래?

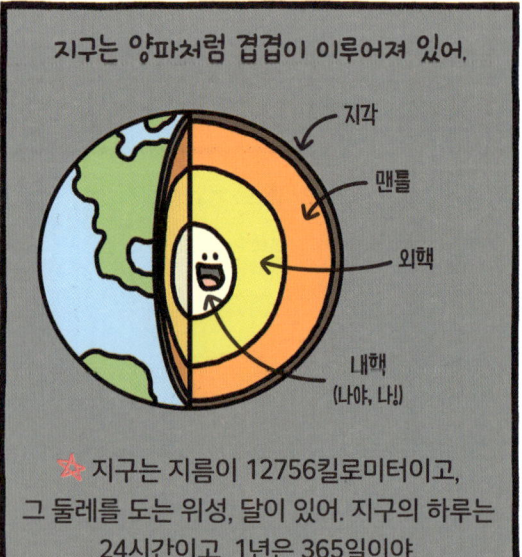

지구는 양파처럼 겹겹이 이루어져 있어.
- 지각
- 맨틀
- 외핵
- 내핵 (나야, 나!)

⭐ 지구는 지름이 12756킬로미터이고, 그 둘레를 도는 위성, 달이 있어. 지구의 하루는 24시간이고, 1년은 365일이야.

나는 니켈과 철이라는 금속으로 이루어진 동그란 고체 덩어리야. 온도는 6000도나 돼.

헉헉, 여긴 정말 뜨거워!

내 바깥쪽에 있는 외핵 역시 금속 물질로 이루어져 있지만 고체가 아닌 액체 상태야. 여기서 지구의 자기장을 만들어.

힘이 느껴지니?

자기장은 태양에서 불어오는 바람인 태양풍(22쪽 참고)으로부터 지구를 보호해 주지.

뿌아라!
어림없지!

외핵 위쪽에는 맨틀이 있어. 맨틀은 걸쭉한 상태의 암석층이야.
- 반쯤 녹아 있는 돌이지.

그리고 맨 바깥쪽에는 지각이 있어. 지각은 얇고 단단한 암석층이고 전체의 3분의 2 이상은 물로 덮여 있지.

그럼 왜 나를 지구라고 부르는 거야? 수구라고 부르지?

지각은 얇은데 높낮이의 차이가 심해.

마리아나 해구는 바다 밑으로 10929m나 들어가 있지.

에베레스트산은 바다 위로 8848m나 솟아 있어.

이따금 지각이 갈라지면서 맨틀에 있던 걸쭉한 암석이 밖으로 솟구칠 때가 있는데, 이게 바로 화산 폭발이야.

반가워! 난 용암이야!

지각 위에는 온갖 생명체와 공기가 있지. 지구가 가장 아름다운 행성으로 꼽히는 건 그 때문일 거야.

지구 안쪽에 있는 나는 영원히 그 모습을 볼 수 없지만 말이야. 결국 양파가 눈물을 빼게 만드네. 흑흑!

눈물이 나도 참는 수밖에. 엉엉!

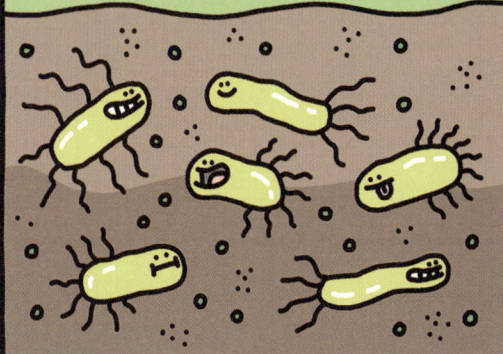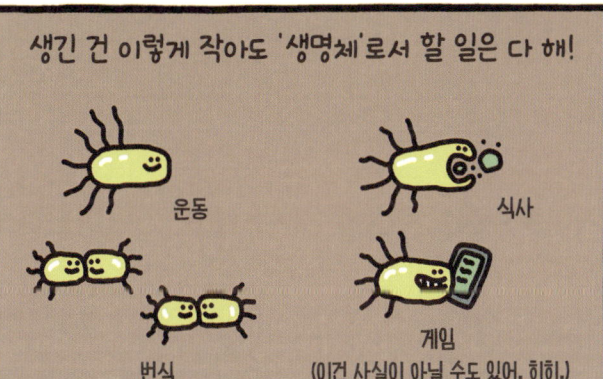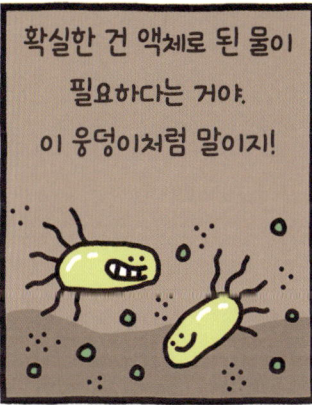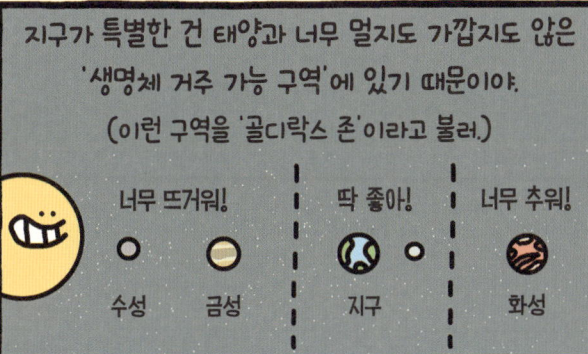

움직이는 알갱이 '거스'의 비밀 일기

거스는 태양풍을 이루는 작은 알갱이야.

태양의 코로나에서 빛나는 거스

~~~ 월요일 아침 ~~~

와우! 뜨거운 한 주의 시작이네! 나는 수백만 개의 알갱이 친구들과 함께 이제 막 태양의 코로나에서 뿜어져 나왔어. 코로나는 태양 대기의 맨 바깥층인데, 온도가 100만 도에 이를 만큼 엄청나게 뜨거워. 지금 우리는 멀리 있는 푸르른 행성을 향해 초속 약 500킬로미터로 날아가고 있어. 어떤 일이 일어날지 정말 기대되는걸?

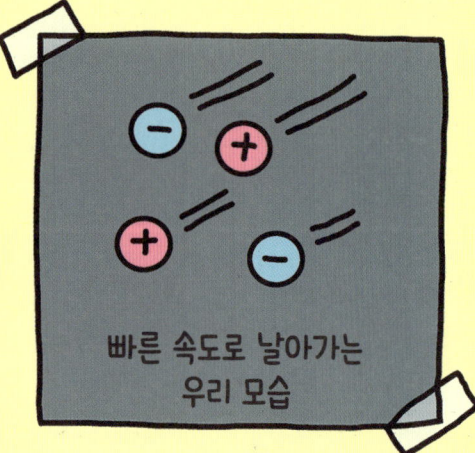

빠른 속도로 날아가는 우리 모습

~~~ 월요일 오후 ~~~

빠른 업데이트! 우리는 강력한 전기를 띠고 있어. 어떤 친구들은 양(+)전기, 또 어떤 친구들은 음(-)전기를 띠지. 태양이 내뿜는 거센 바람을 '태양풍'이라고 하는데 그걸 바로 우리가 만드는 거야. 저 멀리 자그마한 푸른 행성이 보이는 걸 보니 제대로 가고 있는 것 같아!

~~~ 월요일 저녁 ~~~

방금 들은 소식인데, 태양풍의 일부가 완전히 다른 방향으로 갔대. 혜성을 만나서 태양과 반대 방향으로 길고 커다란 꼬리를 만들어 준 녀석들도 있다나 봐. 우리도 그렇게 멋진 일을 해낼 수 있을까?

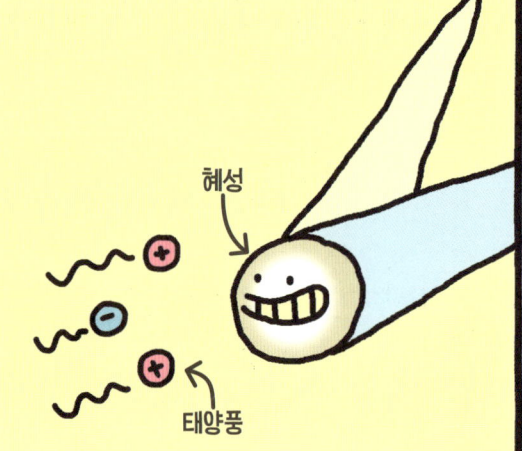

화요일

흠, 오늘은 무척 지루했어.
그저 텅 빈 우주를 빠르게 계속 날기만 했지.
그래도 작게만 보였던 푸른 행성이
점점 크게 보이고 있어. 내일쯤엔 목적지에
다다를 수 있을 것 같아.

수요일 아침

와우! 와우! 작고 푸른 행성에 이런 함정이
숨어 있을 거라고는 상상도 못했네! 이 행성에는
눈에 보이지 않는 방어막이 있어. '자기장'이라나?
행성이 마치 거대한 자석처럼 전기를 띤 알갱이들을
대부분 밀어내고 있어. 그래도 나를 포함한 몇몇 알갱이들은
운 좋게 자기장을 뚫고 들어가는 데 성공했지롱!
이제 드디어 우리도 반짝반짝 빛날 기회가 생기겠지?

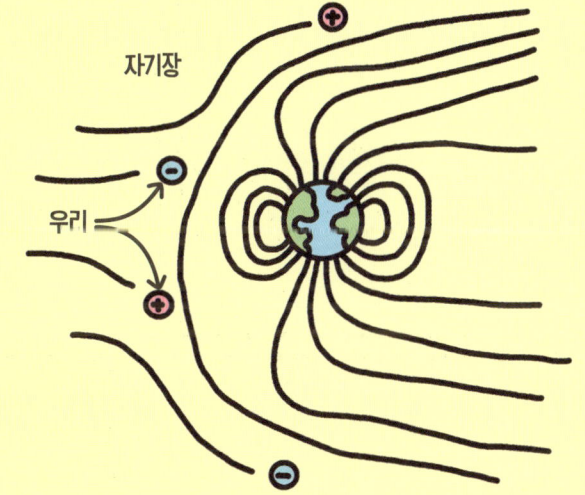

수요일 밤

와우! 와우! 와우! 우리는 반짝반짝 빛나지는 못했어.
하지만 희미하고 흐릿한 빛을 내는 데는 성공했지.
무리를 떠난 우리 몇몇 알갱이들은 지구의 극지방으로 가서
대기에 섞인 질소와 수소에 부딪혔어.
그 순간 우리 에너지를 전해 받은 질소와 수소가
밤하늘에 알록달록 아름다운 '오로라'를 만들어 냈어.
이 멋진 현상에 나도 한몫을 하다니,
1억 5000만 킬로미터를 날아온 보람이 있네.
그럼 이만 안녕!

밤하늘을 수놓은 오로라.
정말 아름답지?

이것저것의 하루 — 밤하늘을 환하게! 달의 앞면

안녕? 나는 달의 한쪽 면이야. 지구에서 늘 보이는 면이지.

너희는 좋겠다. 달에서 가장 멋진 면만 볼 수 있어서.
뭐래? 그럼 뒤쪽에 있는 나는?
쉿! 네 이야기는 나중에 해.

이건 꽉 찬 보름달일 때의 내 모습이야. 내 지름은 지구의 4분의 1 정도지.
고요의 바다
★ 달의 어두운 부분은 '바다'라고 알려져 있지만, 실은 먼 옛날 용암이 흘렀던 흔적이야.
티코 크레이터

밤하늘에서 나만큼 밝고 아름다운 천체는 없을 거야!
나는 모두를 위해 빛나!

뭐, 솔직히 태양 덕분이긴 해. 나는 그저 태양 빛을 반사해서 환하게 보이는 것뿐이니까. 말하자면 달빛은 실제로는 '햇빛'인 셈이야.
반사!

햇빛이 비추는 내 표면은 대부분이 어두운 현무암이고 무척 울퉁불퉁해.
1969년에 찍힌 우주 비행사의 발자국

내가 어떻게 생겨났냐고? 글쎄, 지구가 만들어질 때 다른 작은 행성과 부딪치면서 떨어진 조각들이 뭉친 것이라는 주장이 있어.
에고, 미안!
아얏!

참, 내 몸의 일부는 지구에 있어. 달에 왔던 우주 비행사들이 연구를 위해 가져갔거든.

너희가 보는 내 모습은 매일 조금씩 다르지?
여기 이 그림자가 나를 점점 가리기 때문이야.

내가 지구 둘레를 도는 동안 햇빛을 받는 위치가 달라져. 그래서 매일 모습이 변하는 거야.
차는 볼록달 ← 상현달(오른쪽 반달) ← 초승달 ← 신월(보이지 않음.)
보름달 → 하현달(왼쪽 반달) → 기우는 볼록달 → 그믐달

나는 28일마다 그림자에 완전히 가리는 '신월'부터 다시 시작해. 멋지지 않니?
잘난 척 좀 그만해! 내 소개는 언제 하냐고!
쉿, 아직 네가 나올 때가 아니야.

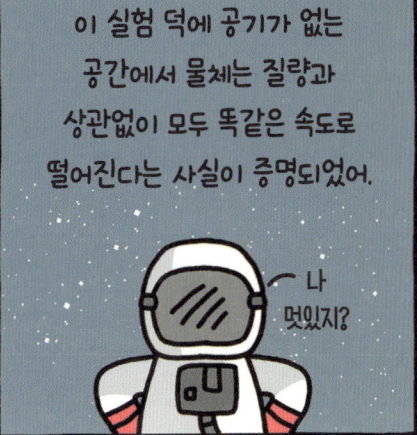

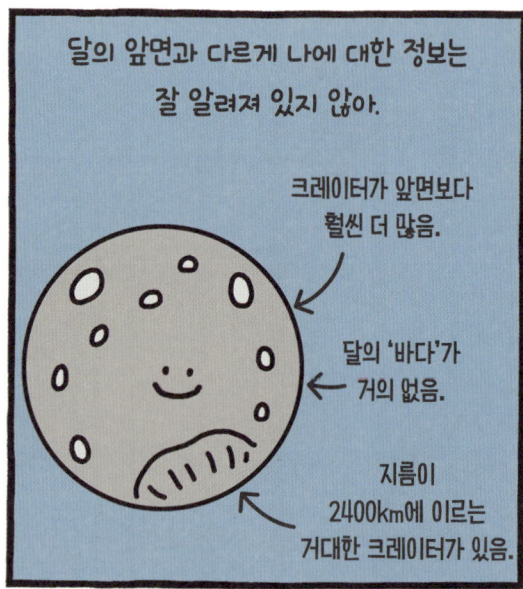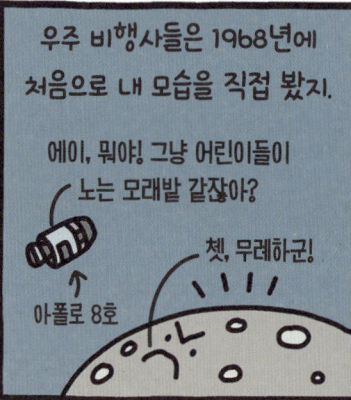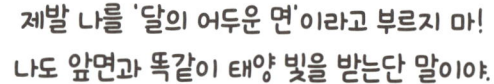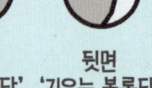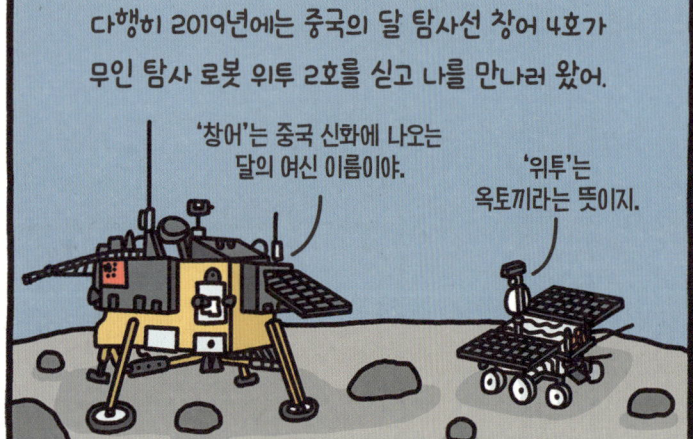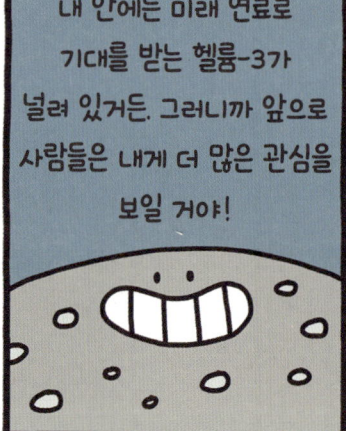

요모조모 뜯어보기 〰〰〰 일식과 월식의 비밀 〰〰〰

먼 옛날 사람들은 태양이 무언가에 점점 가려지면서 하늘이 어두워졌을 때 엄청난 충격을 받았어. 오늘날에는 이것이 '일식'이라는 걸 모두가 알아. 일식은 달이 태양의 일부 또는 전부를 가려서 지구에서 보이지 않는 현상이야.

달, 태양을 삼키다

개기 일식

저리 비켜!

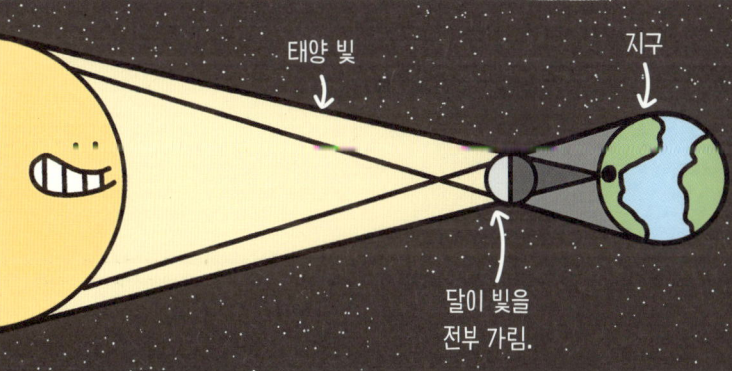

태양 빛 / 지구 / 달이 빛을 전부 가림.

달이 태양을 완전히 가리는 개기 일식은 약 18개월에 한 번씩 일어나. 일식이 일어나는 동안에도 태양을 맨눈으로 직접 보는 건 절대 안 돼!

코로나

일식에는 부분 일식과 개기 일식이 있어. 개기 일식 때는 코로나가 보여. 코로나는 태양의 바깥쪽에 있는 왕관 모양의 가스층이야!

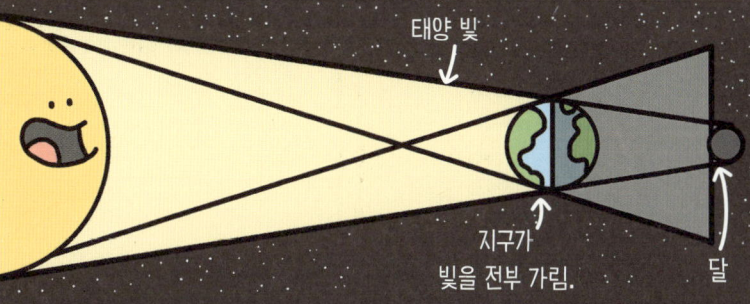

태양 빛 / 지구가 빛을 전부 가림. / 달

월식은 지구의 그림자가 태양 빛을 가려서 달이 어둡게 보이는 현상이야.

어때? 붉으니까 더 멋지지?

개기 월식 때는 달이 붉게 보일 수 있어. 태양 빛 가운데 붉은색 빛만 지구 대기에 부딪힌 순간 꺾여서 달까지 닿기 때문이야.

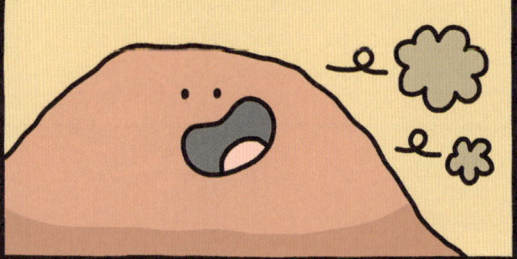

| 요모조모 뜯어보기 | ~~ **붉은 행성 화성** ~~ |

화성은 영어로 '마르스(Mars)'야. 로마 신화 속 전쟁의 신 이름을 딴 것이지.
붉은 핏빛을 띠는 화성의 사진을 보면 이런 이름이 붙은 이유가 이해될 거야.
화성은 지름이 지구의 절반 정도야. 화성의 1일은 지구의 1일보다 40분쯤
더 길어. 하지만 태양과의 거리가 지구보다 훨씬 멀기 때문에
화성의 1년은 지구의 687일과 같아.

얇은 대기층

화성의 공기는 매우 적은 데다 대부분이 이산화 탄소야.
중력이 지구의 40퍼센트 정도밖에 안 되기 때문이지.
그래서 언젠가 사람들이 화성에 오게 되면 몸무게가
지구에 있을 때보다 훨씬 덜 나갈 거야.

엄청난 추위

화성의 극지방에는 지구와 마찬가지로
두꺼운 얼음 벌판이 있어.
이곳의 최저 온도는 영하 125도나 돼.

기다란 골짜기

화성에는 마리네리스라는
어마어마하게 큰 계곡이 있어.
길이는 미국 그랜드 캐니언의
다섯 배, 깊이는 네 배나 되지.

포보스

데이모스

무서운 두 짝꿍

화성에는 감자처럼 생긴 두 개의 위성 '포보스'와 '데이모스'가
있어. 그리스 신화에 나오는 두려움과 공포의 신들이랑 이름이 같아.
포보스는 화성에 너무 가까운 곳에서 빙빙 돌고 있어.
그래서 언젠가는 화성과 충돌해서 부서질 거래.

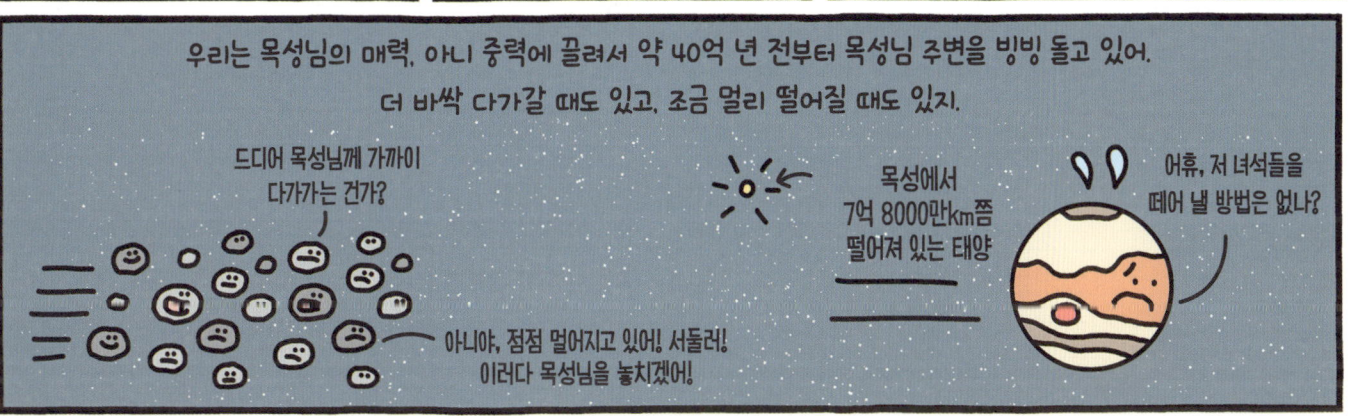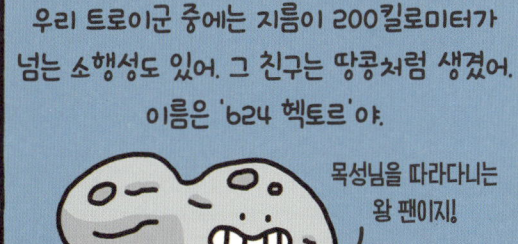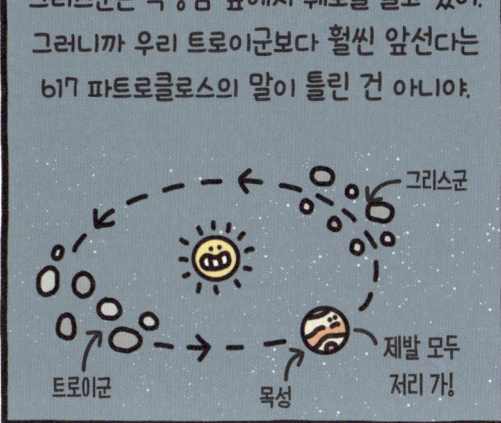

붉은 폭풍 '팽팽'의 비밀 일기

'팽팽'은 목성 표면에 휘몰아치는 거대 폭풍이야. 커다란 빨간색 점처럼 보여서 '대적점'이라고도 불리지.

가운데 보이는 타원형 점이 바로 나야!

1일차

나는 잠시도 지루할 틈이 없다. 날마다 정신없이 휘몰아치는 삶을 살기 때문이다. 목성은 자전 속도가 아주 빨라서 하루가 지구의 10시간 정도로 매우 짧지만 말이다. 나는 지구보다 더 크다. 목성 안에 지구가 1000개 넘게 쏙 들어갈 정도니 그럴 만도 하겠지? 또, 목성에는 우주에서 가장 가벼운 원소인 수소가 아주 많은데도 태양계의 나머지 행성 일곱 개를 모두 합친 것보다 훨씬 무겁다. 신기하지?

2일차

오늘도 폭풍 같은 하루를 보냈다. 내 안의 폭풍 구름들이 온종일 목성 표면 위에서 빠르게 소용돌이쳤다. 나는 어두운 줄무늬인 '띠'와 희끄무레한 줄무늬인 '대' 사이에서 돌아다닌다. 한 바퀴 완전히 도는 데는 목성 기준 14일이 걸린다.

나 여기 있지롱!

3일차

오늘은 대적점 변신의 날! 나는 칙칙한 벽돌색에서 주황빛이 감도는 예쁜 분홍색으로 바뀌었다.
(때로는 밋밋한 회색이나 흰색으로 바뀌기도 한다.) 내 색깔이 왜 변하는지는 아무도 모를 것이다.
미안하지만 나도 그 이유를 알려 줄 생각이 없다. 이건 어디까지나 비밀일 테니까.

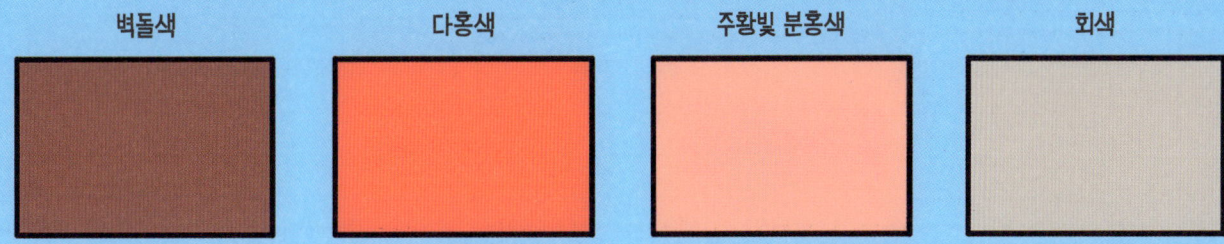

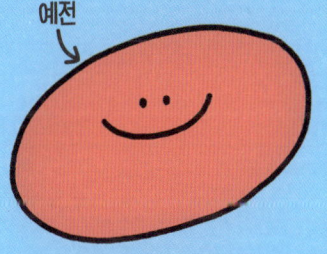

4일차

믿기 힘들겠지만 나는 200년 넘게 쉬지 않고 소용돌이치고 있다.
태양계에서 가장 나이가 많은 폭풍도 바로 나다. 지구 사람들은 내 모습을
1830년대에 처음 발견했는데, 그때는 지금보다 더 갸름한 타원형이었다.
요즘은 좀 더 작고 둥글둥글하지만, 여전히 멋진 건 변함없다! 조금만 더 따뜻하면
바랄 게 없을 텐데……. 목성은 태양에서 멀리 떨어져 있기 때문에
표면 온도가 영하 140도 정도다. 으으, 추워!

14일차

오늘 목성 주위를 또 한 바퀴 완전히 돌았다.
나는 태양을 한 바퀴 도는 데 12년 가까이 걸리는 목성에 비하면
속도가 빠른 편이다. 목성은 태양계에서 가장 큰 행성답게
지구의 밤하늘에서 유난히 밝고 환하게 보인다.
쌍안경이나 망원경으로 보면 목성 주위를 도는 80개의 위성 가운데
몇 개쯤 확인할 수 있을 것이다.
어쨌든 나는 이제 다시 소용돌이쳐야 한다.
지금까지 그랬던 것처럼 앞으로도 오래오래 열심히 돌아야지!

| 요모조모 뜯어보기 | ~~~ 가장 멋진 **목성의 위성은?** ~~~ |

목성은 어마어마하게 거대한 행성이야.
목성 주위를 도는 위성은 공식적으로 확인된 것만 80개나 돼.
그중 가장 큰 네 개(가니메데, 칼리스토, 이오, 유로파)를 '갈릴레이 위성'이라고 불러.
1610년 이탈리아의 천문학자 갈릴레이가 처음 발견했기 때문이지.
이 위성들은 무척 크고 밝아서 망원경만 있으면 밤하늘에서 쉽게 찾아낼 수 있어!

차가운 얼음 위성

유로파의 표면은 두꺼운 얼음으로 이루어져 있어. 그 밑에는 지구에 있는 것보다 더 넓은 바다가 있을 것으로 추측돼. 액체 상태의 물이 있다면 혹시 생명체도 살고 있진 않을까?

난 수성보다 더 크다고!

목성에 붙잡힌 위성

가니메데는 태양계에서 가장 큰 위성이야. 크기로만 따지면 행성도 될 수 있지만, 태양이 아닌 다른 행성 주위를 공전하기 때문에 위성에 머물러 있지.

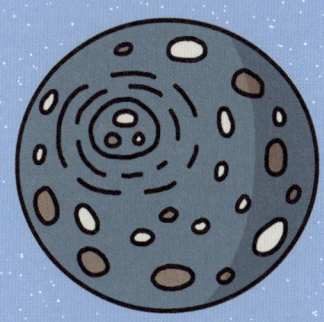

상처투성이 위성

칼리스토에는 우주에서 날아온 운석과 부딪쳐서 생긴 크레이터가 무척 많아. 태양계에서 크레이터가 가장 많은 천체가 바로 칼리스토야.

메티스는 가장 빠른 위성이야. 아말테아는 밝고 산뜻한 붉은색이야. 테베는 엄청 큰 크레이터가 있어.

작은 위성들

목성 주위를 돌고 있는 위성 중에는 너무 작아서 이름조차 없는 것들이 많아.

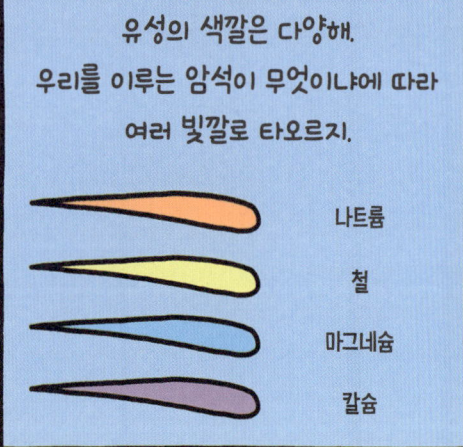

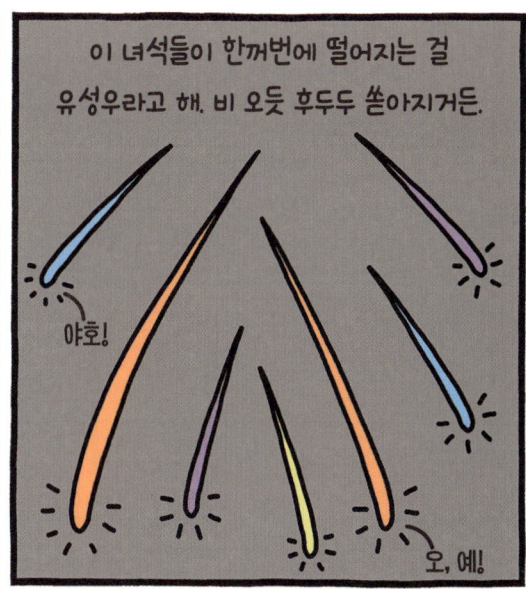

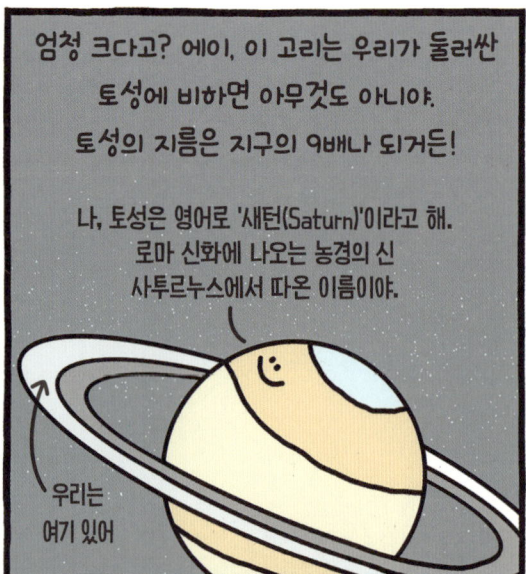
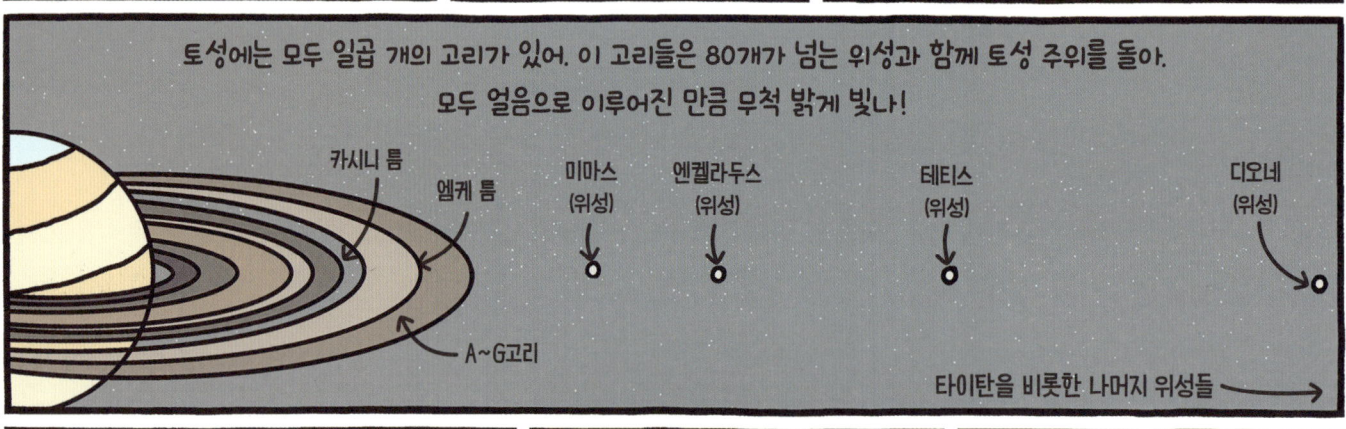

| 요모조모 뜯어보기 | ## ~토성의 위성 TOP5~ |

토성의 위성은 공식적으로 확인된 것만 80개가 넘어. 작은 위성들은 수없이 많지.
태양계에서 가장 흥미로운 천체들로 꼽히는 토성의 위성 다섯 개를 소개할게.

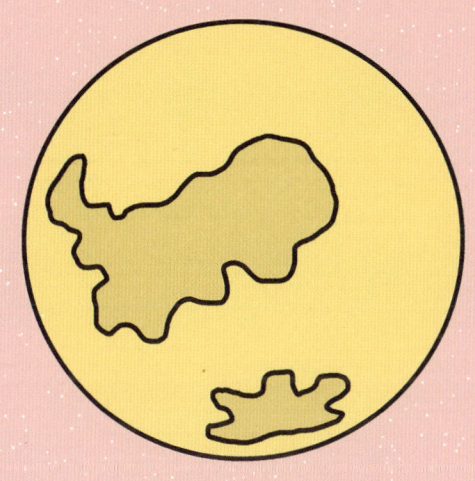

바다가 있을 수 있다고?

타이탄은 토성의 위성 가운데 가장 커. 행성인 수성보다도 훨씬 크지! 토성 둘레를 도는 모든 천체의 질량에서 타이탄이 차지하는 비율은 96퍼센트나 돼. 타이탄의 표면 아래쪽에는 짠물로 이루어진 바다가 있을지도 모른대. 혹시 그 바다에 생명체도 살고 있을까?

엔켈라두스의 남극 지역은 호랑이 줄무늬처럼 갈라져 있는데 그 틈새로 수증기가 뿜어져 나와!

반짝반짝 눈이 부셔!

엔켈라두스는 태양계에서 가장 밝게 빛나는 천체야. 표면이 순수한 얼음으로 뒤덮여 있거든. 얼음 밑에는 바다가 숨어 있을 수도 있대.

허셜 크레이터

영화에 나온다고?

미마스에는 거대한 크레이터가 있는데 그 모습이 마치 영화 〈스타워즈〉에 나오는 죽음의 별을 닮았어. 하지만 이 크레이터는 영화보다 3년이나 늦게 알려졌어.

춤추는 위성

히페리온은 목욕용 스펀지처럼 구멍이 숭숭 나 있어. 특이하게도 비틀비틀 몸을 흔들면서 토성 주위를 돌지.

양치기 위성

판은 크기는 매우 작지만 토성의 A고리가 계속 형태를 유지하며 돌도록 이끄는 양치기 같은 위성이야.

| 요모초모 뜯어보기 | ~~~ 누워서 빙빙 도는 **천왕성** ~~~ |

천왕성은 차가운 기체로 이루어진 거대한 가스 행성이야. 자전축이 심하게 기울어져서 거의 누운 상태로 자전하지. 천왕성은 지구에서 아주 멀리 떨어져 있어서 맨눈으로 찾아보기가 몹시 힘들어.

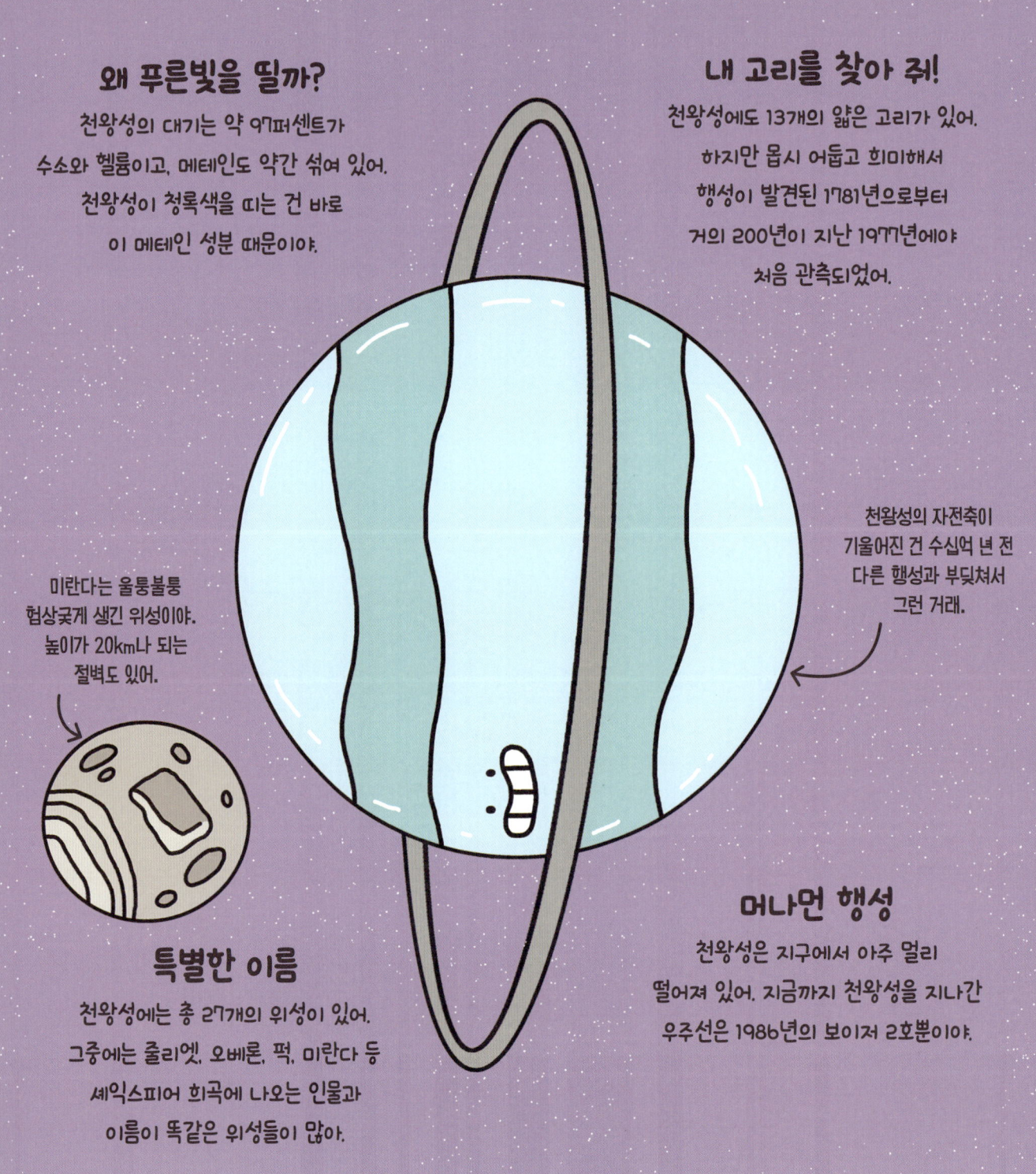

왜 푸른빛을 띨까?
천왕성의 대기는 약 97퍼센트가 수소와 헬륨이고, 메테인도 약간 섞여 있어. 천왕성이 청록색을 띠는 건 바로 이 메테인 성분 때문이야.

내 고리를 찾아 줘!
천왕성에도 13개의 얇은 고리가 있어. 하지만 몹시 어둡고 희미해서 행성이 발견된 1781년으로부터 거의 200년이 지난 1977년에야 처음 관측되었어.

천왕성의 자전축이 기울어진 건 수십억 년 전 다른 행성과 부딪쳐서 그런 거래.

미란다는 울퉁불퉁 험상궂게 생긴 위성이야. 높이가 20km나 되는 절벽도 있어.

특별한 이름
천왕성에는 총 27개의 위성이 있어. 그중에는 줄리엣, 오베론, 퍽, 미란다 등 셰익스피어 희곡에 나오는 인물과 이름이 똑같은 위성들이 많아.

머나먼 행성
천왕성은 지구에서 아주 멀리 떨어져 있어. 지금까지 천왕성을 지나간 우주선은 1986년의 보이저 2호뿐이야.

| 요모조모 뜯어보기 | ~~~ **쓸쓸한 해왕성** ~~~ |

해왕성은 태양에서 가장 멀리 떨어져 있는 행성이야. 태양과의 거리는 45억 킬로미터쯤 돼.
태양 주위를 한 바퀴 도는 데는 165년이나 걸리지. 태양열을 거의 받지 못하는 만큼 엄청나게 추워.
표면 온도가 영하 200도라니 알 만하지?

왜 또 파랗지?
해왕성이 신비로운 푸른빛을 띠는 이유는 천왕성과 같아. 대기 중에 섞인 메테인 성분 때문이지.

검은 용솟음
해왕성의 위성은 지금까지 공식적으로 확인된 것만 14개야. 그 가운데 가장 크고 무거운 트리톤에는 거대한 간헐천이 있어. 영하 235도에 이르는 차가운 표면 위로 시커먼 얼음 같은 물질이 갑자기 용솟음치듯 뿜어져 나와.

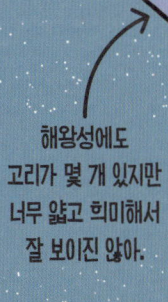

해왕성에도 고리가 몇 개 있지만 너무 얇고 희미해서 잘 보이진 않아.

폭풍 경보!
해왕성에서는 최대 시속 2000킬로미터에 다다르는 강력한 폭풍이 불고 있어.
태양계 최고의 기록이지.
1989년 보이저 2호가 발견한 '대흑점'은 지구만 한 크기의 성난 폭풍이야.

잘 가, 보이저 2호!
우리가 해왕성에 대해 알고 있는 정보는 대부분 보이저 2호가 전해 준 거야.
보이저 2호는 1989년에 해왕성 옆을 지나간 뒤 태양계 밖으로 영원히 사라졌어.

이것저것의 하루: 명왕성이었던 왜소 행성

얘들아! 설마 나를 잊은 건 아니겠지? 나야, 나! 명왕성이라고!

나는 1930년에 미국의 천문학자 클라이드 톰보가 처음 발견했어. 영어 이름은 플루토(Pluto)인데 영국의 한 초등학생이 지어 준 거야.

플루토는 로마 신화에 나오는 저승의 신 이름이에요!

그 시절 나는 인기가 어마어마했어! 새로 발견된 아홉 번째 행성이었으니까.

난 3분의 2는 암석, 3분의 1은 얼음으로 이루어졌어.

케르베로스 / 닉스 / 히드라 / 스틱스 / 카론

대기는 대부분이 질소야.

★ 명왕성의 위성은 총 다섯 개야. 태양을 중심으로 한 바퀴 도는 데는 약 248년이 걸려.

나는 태양에서 아주 멀리 떨어져 있어. 그래서 엄청나게 춥고 낮에도 어두컴컴하지.

그래도 행성으로서 갖춰야 할 조건은 다 갖췄단 말이야!
- ✓ 공전 궤도
- ✓ 공처럼 둥근 모양
- ✓ 대기
- ✓ 위성 (선택 사항)

나도 한때 저 친구들과 똑같이 행성이라는 지위를 갖고 있었다고!

와, 멋져!

하지만 좋은 시절은 오래가지 못했어. 2006년에 몇몇 인간들이 행성 치고는 너무 작다며 나를 '왜소 행성'으로 부르기로 했거든.

넌 저리 가! / 내가 왜???

지금 나는 이 쪼그만 왜소 행성 녀석들과 같은 처지야.

하우메아 / 세레스 / 마케마케 / 에리스

야, 나도 너만큼 큰데 가만히 있잖아!

어휴!

우리는 수백만 개의 보잘것없는 얼음덩어리들과 함께 '카이퍼 띠'라는 따분한 곳에서 대부분의 시간을 보내.

카이퍼 띠 / 명왕성 / 해왕성

여기 있는 건 정말 비참해!

저 아저씨는 누구지? / 원래 행성이었대!

현재 내 공식 이름은 '소행성 134340'이야. 그렇지만 그냥 명왕성이라고 불러 줘!

134340님, 사인 좀 해 주세요!

지구 밖 우주 공간

이제 새로운 우주 공간으로 모험을 떠나 볼까?
다양한 **혜성과 별자리, 성운, 중성자별**에 대해 살펴보고
우주에 숨겨진 엄청난 **미스터리**들도 알아보자.

우주 탐사선과 천체 망원경으로 우주의 신비를 다 밝혀낼 수는 없어.
아직 많은 부분이 마치 **블랙홀**처럼 도무지 알 수 없는 영역으로 남아 있지.
너도 언제 블랙홀에 빨려 들어갈지 모르니까 무엇이든 꽉 잡아!

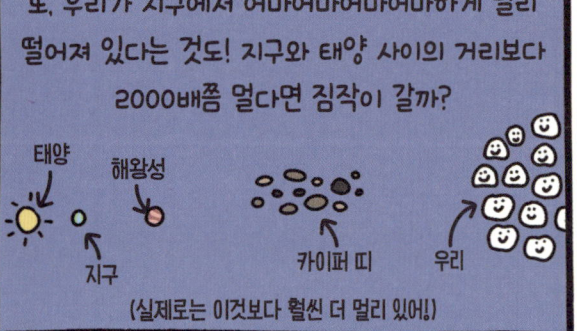

요모조모 뜯어보기 〰〰〰 눈덩이의 여행 〰〰〰

먼 옛날 혜성은 하늘을 가로지르는 신비롭고 두려운 존재였어.
하지만 실제로는 태양계의 생성 과정에서 나온 먼지, 암석, 가스 등이 뭉쳐서 얼어붙은
거대하고 지저분한 눈덩이일 뿐이야. 혜성이 태양 근처를 지나면 꼬리가 생기는데,
이 꼬리는 지구에서 대낮에도 볼 수 있을 만큼 밝은 빛을 내.

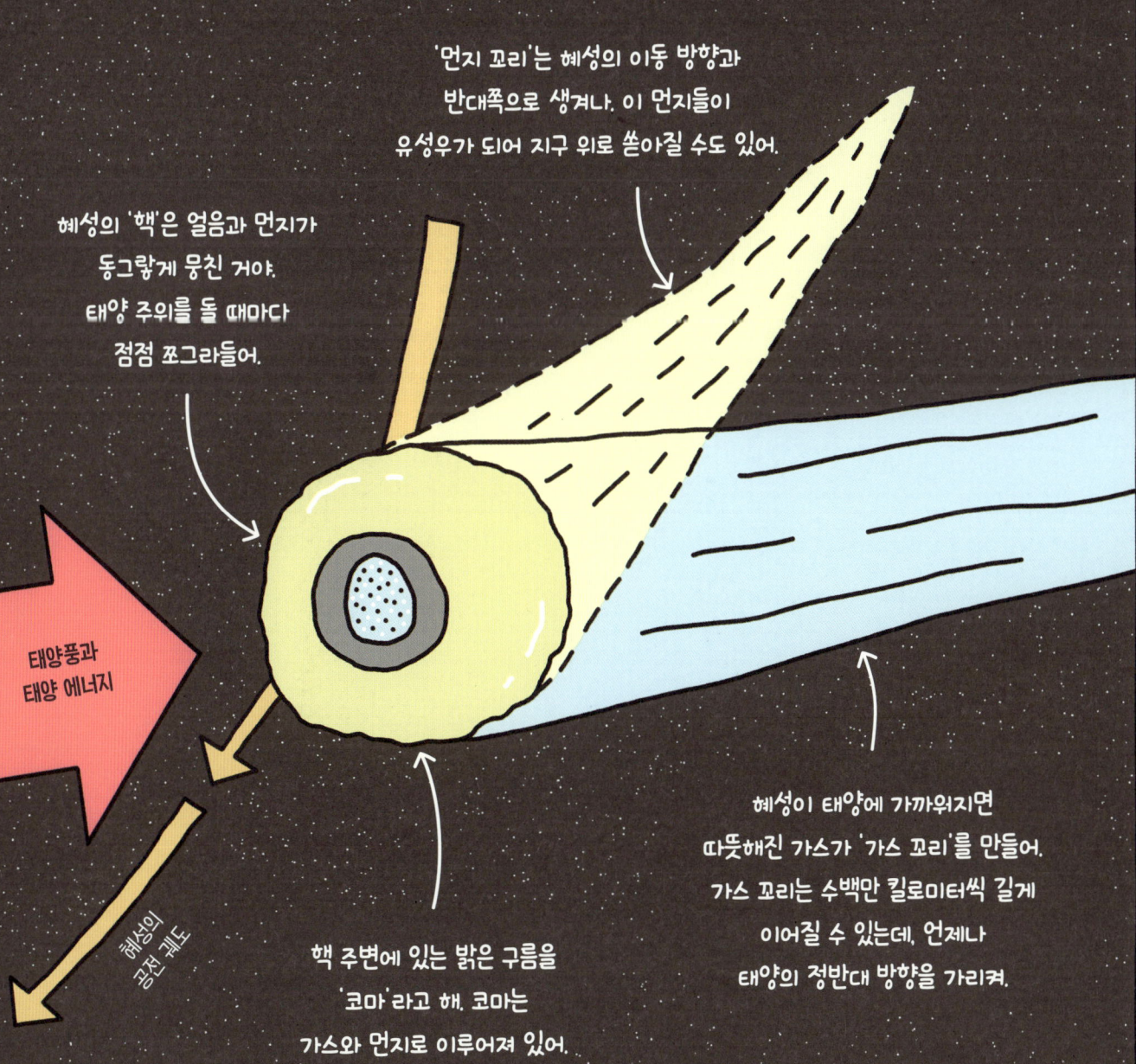

'먼지 꼬리'는 혜성의 이동 방향과 반대쪽으로 생겨나. 이 먼지들이 유성우가 되어 지구 위로 쏟아질 수도 있어.

혜성의 '핵'은 얼음과 먼지가 동그랗게 뭉친 거야. 태양 주위를 돌 때마다 점점 쪼그라들어.

태양풍과 태양 에너지

혜성의 공전 궤도

핵 주변에 있는 밝은 구름을 '코마'라고 해. 코마는 가스와 먼지로 이루어져 있어.

혜성이 태양에 가까워지면 따뜻해진 가스가 '가스 꼬리'를 만들어. 가스 꼬리는 수백만 킬로미터씩 길게 이어질 수 있는데, 언제나 태양의 정반대 방향을 가리켜.

혜성 '핼리'의 비밀 일기

다음은 지구에서 75~76년에 한 번씩 볼 수 있는 혜성 '핼리'의 비밀 일기야.

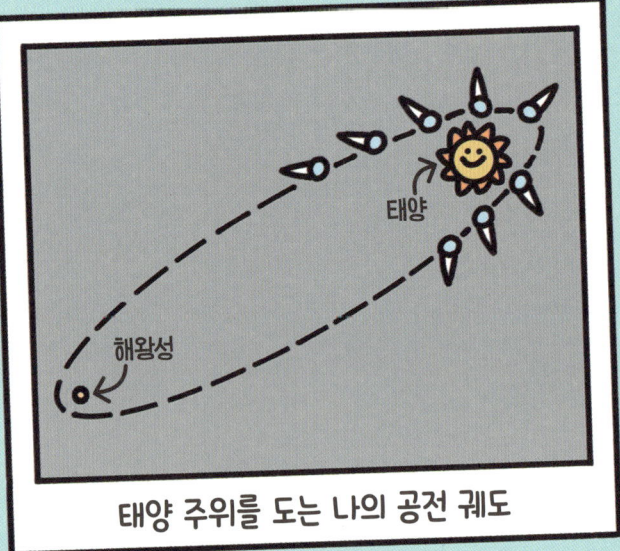

태양 주위를 도는 나의 공전 궤도

1066년 2월

해왕성 너머 우주 공간으로 나갔던 나는 수천 년 만에 다시 태양 주위로 돌아오면서 일기를 쓰기로 마음먹었어. 안타깝게도 지구에 사는 몇몇 사람들은 지구 근처를 지나는 나를 발견하면 불행이 찾아온다고 생각하더군. 특히 영국 왕 해럴드 2세는 나를 본 것을 유난히 기분 나빠 했어. 곧 노르망디 공작 윌리엄이 이끄는 군대와 전투를 앞두고 있어서 그렇다나? 과연 결과는 어떻게 될까? 난 적어도 75년 뒤에나 다시 돌아올 텐데 그때까지 궁금해서 어떻게 기다리지?

1222년 9월

이런! 어쩌다 보니 그동안 일기를 한 번도 못 썼네. 아무튼 해럴드 왕은 정말 나를 봐서 운이 나빴던 건지 전투에서 죽음을 맞았어. 하지만 내게는 오히려 행운이었지. 윌리엄 공작이 영국 왕 윌리엄 1세가 되었고, 이를 기념하기 위해 만든 벽 장식에 자랑스러운 내 모습이 들어갔거든. 내가 해럴드 왕의 머리 위를 지나가는 장면이 말이야! 그런데 사람들이 나를 '털 달린 별'이라고 부르는 건 좀 기분 나빠.

1759년 5월

드디어 나도 고유 명사가 됐어!
몇 년 전, 영국의 에드먼드 핼리라는 똑똑한 천문학자가
내가 약 75~76년에 한 번씩 지구 위를 지나가는
'털 달린 별'과 똑같은 천체라는 사실을 알아냈거든.
이제부턴 나를 그 천문학자의 이름을 따서
'핼리 혜성'이라고 부른대. 아, 기분 좋다!

에드먼드 핼리

1910년 4월

어휴, 지구 사람들은 정말 너무해!
이번에는 자기들 행성이 내 꼬리 옆을 지나갈 거라고
난리야! (내 꼬리 길이는 자그마치 4800만 킬로미터나 된다고!)
그럼 내가 독한 가스로 지구를 완전히 망가뜨릴 거라나?
어떤 사람들은 벌써 방독면이며 우산, 해독제까지
사들이고 있어. 지구 사람들이 나를 정말 그렇게 생각한다면,
다시는 이쪽으로 돌아오고 싶지 않아! 흑흑.

아래를 조심해!

1986년 3월

와, 이게 무슨 일이야!
이번에는 미국과 소련을 비롯한 전 세계 여러 나라에서
나를 맞이하러 우주로 나왔어. 지오토라는 우주선은
내 핵이 기다란 땅콩처럼 생겼다는 걸 확인했지. 그래서인지
이제는 나를 '지저분한 눈덩이'라고 부르더군.
차라리 '털 달린 별'이 낫겠어. 그럼 이만 안녕!
2061년에 다시 만나!

| 요모조모 뜯어보기 | ## 아름답고 신비한 성운들 |

성운은 우주에서 가장 복잡하면서도 아름다운 구조물이야.
지금까지 허블 우주 망원경(100쪽 참고)으로 관찰한 수백 개의 성운 가운데
가장 신기하고 멋진 몇 가지를 소개할게.

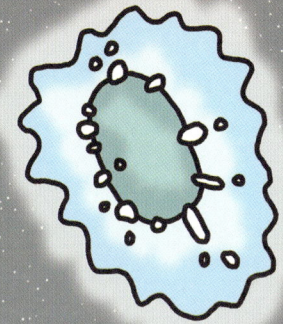

목걸이 성운
(지구에서 1만 5000광년 떨어져 있음.)

썩은 달걀 성운
(지구에서 5000광년 떨어져 있음.)

붉은 사각형 성운
(지구에서 5000광년 떨어져 있음.)

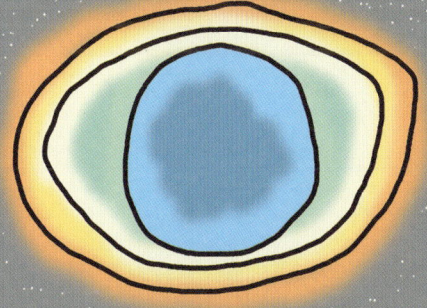

고리 성운
(지구에서 2000광년 떨어져 있음.)

폭포 성운
(지구에서 1500광년 떨어져 있음.)

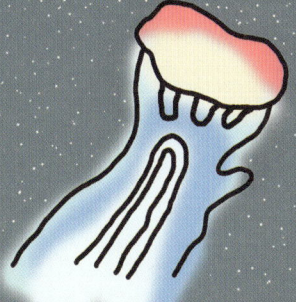

신의 손 성운
(지구에서 1만 7000광년 떨어져 있음.)

반짝이지 않아! 작은 별

이것저것의 하루

안녕? 나는 작은 별이야!

적어도 너희가 있는 지구에서는 내가 '작게' 보일 거야.

작아서 귀여워! / 풋!

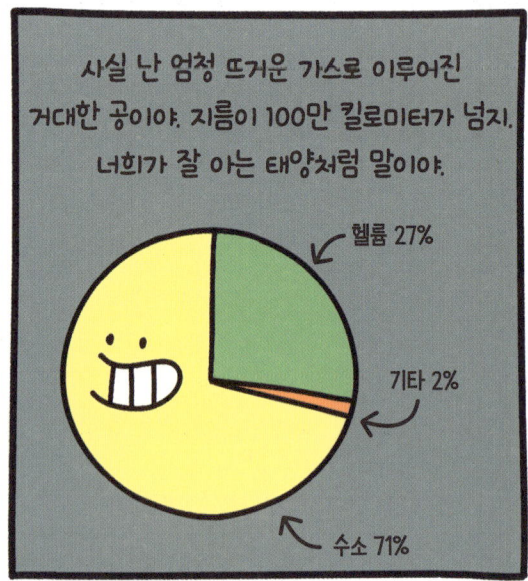

사실 난 엄청 뜨거운 가스로 이루어진 거대한 공이야. 지름이 100만 킬로미터가 넘지. 너희가 잘 아는 태양처럼 말이야.

헬륨 27% / 기타 2% / 수소 71%

내가 작아 보이는 건 지구에서 너무 멀리 떨어져 있기 때문이야.

난 여기 있어! / 태양 / 지구

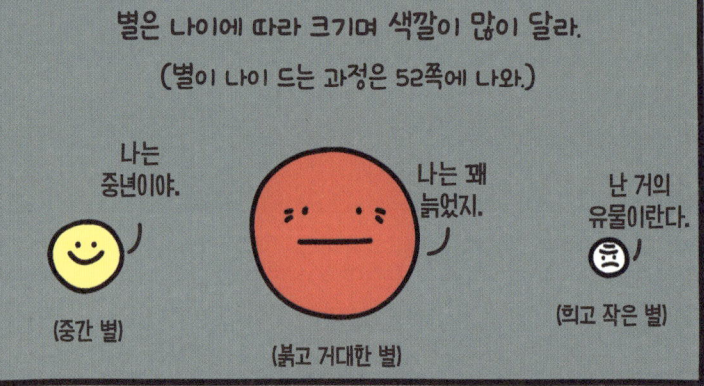

별은 나이에 따라 크기며 색깔이 많이 달라. (별이 나이 드는 과정은 52쪽에 나와.)

나는 중년이야. (중간 별) / 나는 꽤 늙었지. (붉고 거대한 별) / 난 거의 유물이란다. (희고 작은 별)

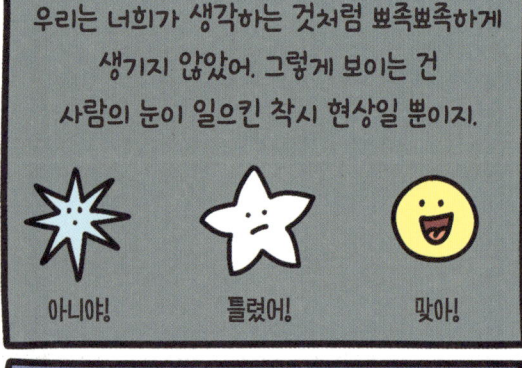

우리는 너희가 생각하는 것처럼 뾰족뾰족하게 생기지 않았어. 그렇게 보이는 건 사람의 눈이 일으킨 착시 현상일 뿐이지.

아니야! / 틀렸어! / 맞아!

사람들이 우리에 대해 잘못 알고 있는 사실이 또 있는데…….

우리는 절대 반짝거리지 않아!

아니야! / 나도 아니야! / 아니라니까!

별이 반짝이는 것처럼 보이는 것도 별빛이 대기권을 통과할 때 일어나는 또 다른 착시 현상이야.

저 별 좀 봐. 아름답게 반짝거리네! / 뭐야, 또 저 녀석이잖아?

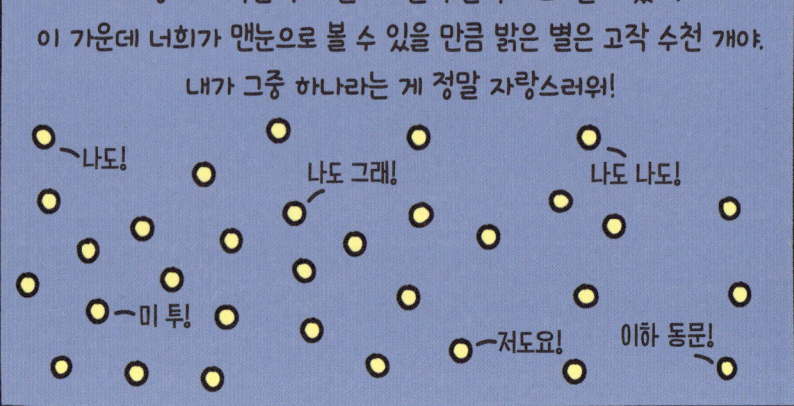

태양계가 속한 우리 은하에는 수천억 개의 별이 있어. 이 가운데 너희가 맨눈으로 볼 수 있을 만큼 밝은 별은 고작 수천 개야. 내가 그중 하나라는 게 정말 자랑스러워!

나도! / 나도 그래! / 나도 나도! / 미 투! / 저도요! / 이하 동문!

요모조모 뜯어보기 ~ 별의 일생 이야기 ~

우주에는 수천억의 1조 배나 되는 별들이 있어.
모든 별은 우주를 떠다니는 먼지와 가스가 중력의 힘으로 한데 뭉쳐서 생겨난 거야.
별은 처음 생겨났을 때의 질량에 따라 일생이 결정돼. 지금부터
질량이 작은 별과 큰 별의 일생이 어떻게 다른지 알려 줄게.

온도 낮음 | 온도 높음 | 온도 매우 낮음

적색 왜성 | 청색 왜성 | 흑색 왜성

시작도 끝도 조용한 작은 별

적색 왜성으로 알려진 작은 별들은 처음 생겨났을 때 크기가 태양의 10분의 1 정도야.
표면 온도는 비교적 낮고, 그다지 밝지도 않지. 그러다 시간이 지날수록 점점 푸른빛을 띠는
뜨거운 별로 변해. 시간이 더 지나면 다시 온도가 내려가면서
결국 더는 빛을 내지 않는 흑색 왜성이 되어 최후를 맞이해.

질량이 큰 별 → 적색 초거성 → 초신성 (53쪽 참고) → 중성자별 (55쪽 참고) / 블랙홀 (54쪽 참고)

시작도 끝도 요란한 큰 별

질량이 큰 별들은 처음 생겨났을 때 크기가 적어도 태양의 8배는 돼.
그런데 고작 수백만 년(수십억 년 아님 주의!) 뒤에는 가스가 다 타 버려서 별의 색깔이 붉어지고
크기도 점점 커져. 마침내 연료가 완전히 바닥나면 마지막으로 초신성 폭발이 일어나지. 펑!
그 결과, 별은 사라지고 대신 블랙홀이나 밀도가 엄청 높은 중성자별이 생겨나.

태양처럼 크기가 중간인 별들의 일생이 궁금하다면 52쪽으로 넘어가자!

이것저것의 하루: 별에서 태어난 **성간 물질**

1. 안녕? 우리는 거대한 구름처럼 뭉쳐서 우주 공간을 날아다니는 성간 물질이야.
- 나는 수소야!
- 나는 철!
- 나는 은.
- 나는 금이지!
- 와아!

2. 우리가 처음부터 이런 모습이었던 건 아니야. 원래는 적색 초거성이라는 별의 한 부분이었어.
- 나 기억 안 나? 51쪽에도 나왔잖아.

3. 그러다가 갑자기…… 펑! 적색 초거성이 초신성 폭발을 일으켰어. 순간 태양보다 10억 배쯤 밝은 빛을 내며 산산이 흩어졌지.

4. 후유, 모든 게 그야말로 눈 깜박할 새에 벌어진 일이야. 그런데 적색 초거성도 처음 생겨난 수백만 년 전에는 거대하지만 평범한 별이었단다.
- 내가 태양 너보다 8배는 더 커!
- 그래. 하지만 난 너보다 8배 더 귀엽지롱!

5. 수백만 년 동안 그 모습을 유지하다 보니, 별은 연료인 수소를 다 쓰고 말았지. (핵 안의 수소가 헬륨으로 바뀌었어.)
- 수소 / 부족 / 가득

6. 그때 바로 적색 초거성이 된 거야.
- 옛날에도 거대했지만, 지금 내 모습과는 비교가 안 돼!

7. 적색 초거성이 크기와 온도를 유지하려면 핵융합을 해야 해. 그 결과 더 무거운 원소들이 생겨나지.
- 탄소 / 네온 / 산소
- 언제까지 이 상태를 유지할 수 있을까?

8. 적색 초거성의 핵이 철로 변하면 기나긴 별의 일생이 마지막 단계에 다다라!
- 앗, 이제 난 어떻게 돼?

9. 거대했던 별이 중력의 영향으로 순식간에 아주 작은 별로 줄어들고,
- 지름 10억km
- 지름 30km

10. 마침내 은하보다 더 밝은 빛을 내며 폭발해. 이때 뿜어져 나오는 게 바로 우리, 성간 물질이야!
- 와, 우리 세상이다!
- 이게 바로 초신성 폭발이지!

11. 별이 폭발하는 순간에는 금이나 은 같은 아주 무거운 원소들이 생겨나지.
- 새로운 스타 탄생!
- 나도 별에서 나왔는데!

12. 언젠가는 우리가 새로운 별이나 행성을 이룰 수도 있을 거야.
- 우리를 탄생시킨 원래의 별은 어떻게 됐지?
- 블랙홀이나 중성자별이 됐어. 자세한 이야기는 55쪽에 있어.

이상한 1등 블랙홀

이것저것의 하루

안녕? 나는 블랙홀이야. 질량도 크고 밀도도 엄청나. 이상한 것은 1등이지!

참, 나는 말 그대로 검은 구멍이라 눈에 보이지 않아!

대신 주변에 미치는 힘으로 나의 엄청난 존재감을 확인할 수 있을 거야.

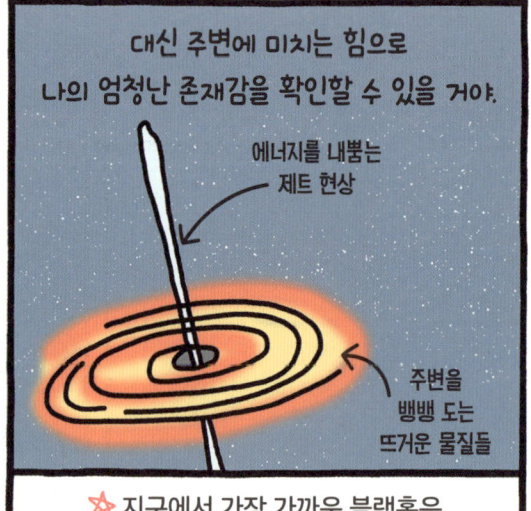

- 에너지를 내뿜는 제트 현상
- 주변을 뱅뱅 도는 뜨거운 물질들

★ 지구에서 가장 가까운 블랙홀은 우리 은하 한가운데에 있어(60쪽 참고).

나는 수명을 다한 큰 별이 초신성 폭발 후 일생을 마칠 때 생겨나.

잘 있어! → 펑! → 훌쩍!

별이 죽은 뒤 남은 물질은 특이점이라는 끝없이 작은 공간 안으로 뭉개져 들어가. 특이점은 핀 끝보다 더 작아.

여전히 내가 보이진 않을 거야!

특이점은 무엇이든 강하게 빨아들여. 빛을 포함한 그 어떤 것도 특이점에서 빠져나갈 수 없어.

내가 보이지 않는 건 빛까지 빨아들이기 때문이야!

그러니까 내 주변은 굉장히 위험해. 눈 깜박할 새에 빨려 들어갈 수 있거든.

접근 금지! 가까이 오지 마!

우주에는 내 친구들이 수백만 개쯤 있을 거야. 이들은 크게 두 종류로 나뉘어.

항성 질량 블랙홀	초대 질량 블랙홀
별로 크지 않아!	이름만 들어도 알 거야!

2019년에 촬영한 초대 질량 블랙홀의 그림자는 바로 이런 모습이야.

과학 소설에는 내가 주변의 모든 것을 빨아들이는 장면이 나와. 하지만 실제로 그렇지는 않아. 그래도 나에게 너무 가까이 다가오진 마! 그랬다가는 시간이 점점 느려지고, 네가 가늘고 길게 늘어지면서 나한테 쭉 빨려 들어올 거야.

이런 현상을 '스파게티화'라고 해.

내가 왜 이상한 것으로 1등인지 알겠지?

이것저것의 하루 — 우주의 좀비 **중성자별**

또 만났네? 난 너희가 53쪽에서 봤던 적색 초거성의 잔해야.

적색 초거성이 어떻게 초신성 폭발을 거쳐 죽음을 맞았는지 기억하지?

그런데 보다시피 나는 죽지 않았어. 블랙홀이 될 수도 있었겠지만 다시 별이 되어 돌아왔지. 좀비처럼 말이야! 나처럼 죽은 별에서 다시 태어난 작은 별을 중성자별이라고 해.

지금까지 우리 은하에서 발견된 중성자별은 2000개가 훨씬 넘어.

내가 스스로 작은 별이라고 말한 건 진짜 작아서야. 지름이 고작 약 20킬로미터밖에 안 되거든. 프랑스 파리보다 약간 넓은 정도지.

설마 나를 파리로 옮겨 놓는 모험을 하진 않겠지? 그랬다간 도시가 완전히 무너지면서 불타 없어질 거야!

나는 크기는 작지만 질량은 태양의 두 배까지 돼.

어머, 나 살 빠졌나 봐!

나는 온몸이 원자보다 작은 중성자라는 알갱이들로 이루어져 있는데, 밀도가 어마어마하게 높아.

밀지 마! / 아, 갑갑해! / 너나 밀지 마! / 헉!

아마 내 몸 한 숟가락의 질량이 에베레스트산의 질량과 비슷할 거야.

후유, 진짜 무겁잖아!

나는 중력도 엄청나게 커. 나를 향해 떨어지는 사과의 속도는 초속 100킬로미터가 넘을 거야. 스파게티화도 일어나겠지.

또, 나는 1초에 수백 바퀴씩 빙글빙글 돌면서 규칙적으로 전파를 내보내.

마치 맥박 치듯 일정하게 파동을 일으키는 거지. 그 파동은 지구에서도 감지할 수 있어.

와, 신기하다!

이렇게 맥박까지 살아 있는 좀비는 없을 거야!

툭! 툭! 빙글 빙글

오리온자리 점 잇기 놀이

이것저것의 하루

반가워! 우리 48쪽에서 만났지? 나는 오리온성운이고, 이건 오리온자리야. 나는 몇몇 별들과 함께 여기 오리온자리에 있어. 우리는 하늘에 떠 있는 초대형 점 잇기 퍼즐과 같아. 우리를 찾아서 선으로 이으면, 곤봉과 방패로 무장한 거인 사냥꾼의 모습이 보일 거야!

- 오리온의 곤봉
- 오리온의 방패
- 벨라트릭스
- 베텔게우스
- 오리온의 허리띠
- 나!
- 사이프
- 오리온의 검
- 리겔

☆ 사실 오리온자리에는 더 많은 별들이 포함돼. 밤하늘이 어두울수록 더 많은 별을 볼 수 있어.

하늘의 별들을 선으로 이으면 사냥꾼의 모습이 보인다는 상상을 처음 한 건 고대 그리스 사람들이야. 그 선을 모두 없애면 이런 모습이지.

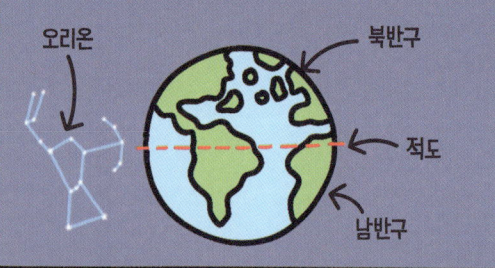

오리온자리와 나, 오리온성운은 북반구와 남반구에서 모두 보여. 북반구에서는 겨울에, 남반구에서는 여름에 가장 잘 볼 수 있어.

- 오리온
- 북반구
- 적도
- 남반구

별들이 하늘에 떴다가 지는 것 같지? 아니, 지구의 자전 현상 때문에 그렇게 보일 뿐이야.

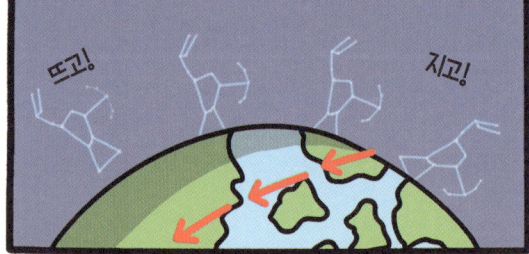

뜨고! 지고!

오리온자리에서 가장 밝은 별은 베텔게우스야. 이 별은 적색 초거성인데 10만 년쯤 뒤에는 초신성 폭발을 일으킬 거야.

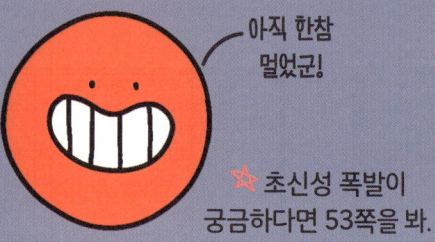

아직 한참 멀었군!

☆ 초신성 폭발이 궁금하다면 53쪽을 봐.

오리온의 어깨 한쪽이 사라진다는 게 참 안타깝지. 하지만 허리띠를 이루는 세 개의 아름다운 별은 여전히 남아 있을 거야!

- 알니타크
- 민타카
- 알닐람

멋진 오리온의 검도 남을 거고! 내가 있어서 더 멋진 곳이지!

그럼 오늘 밤에 만나! 늦지 마! 빠빠이~!

요모조모 뜯어보기 — 태양 길의 별자리 황도 12궁

과학계에서 말하는 88개의 별자리 가운데는 너희가 잘 아는 황도 12궁도 있어.
황도란 하늘에서 태양이 지나가는 길이고, 그 길에 있는 12개의 별자리가 바로 황도 12궁이야.
지구에서 보면 태양이 1년 동안 이 별자리들 옆을 차례로 스치며 이동하는 것처럼 보이지.
먼 옛날 사람들은 이 현상을 바탕으로 별들이 인간의 삶에 영향을 미친다고 생각했어.
그렇게 해서 점성학이 만들어졌지. 별을 보고 점을 치는 점성학은 흥미롭기는 하지만
천문학과 달리 과학적 근거는 전혀 없어. 그러나 황도 12궁은 여전히 아름답고 환상적이야!

어려운 별자리 이름

천문학자들이 부르는 별자리 이름은 모두 라틴어야.
예를 들어 염소자리는 '카프리코르누스',
전갈자리는 '스코르피우스'라고 해.

밤하늘의 빛

황도에 있는 별들은 태양 빛에 가려서
낮에는 보이지 않아.

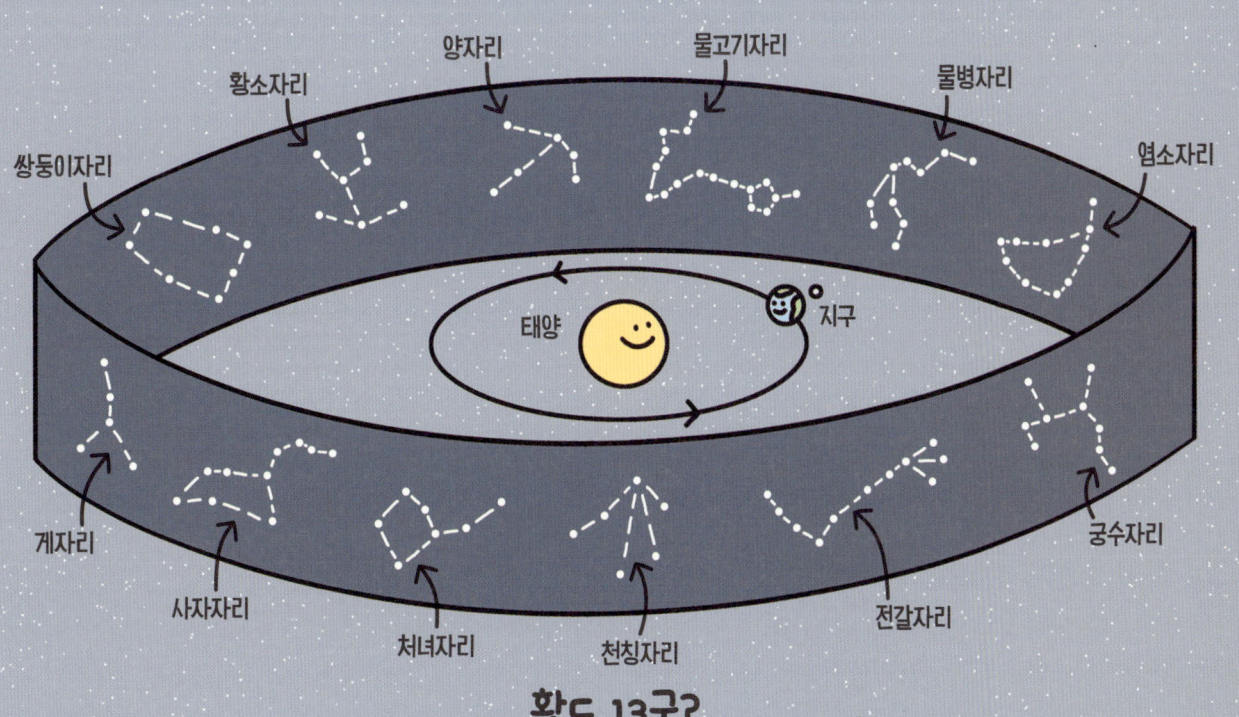

황도 13궁?

땅꾼자리는 태양이 지나가는 길에 걸친 별자리지만 안타깝게도 황도 12궁에는 포함되지 않아.
태양이 지나가는 길을 30도씩 열두 구역으로 나누는 게 더 쉽다는 이유로
고대의 점성학자들이 일부러 뺐거든. 그래서 황도 13궁이 될 수 없었지.

북쪽 하늘엔 **북극성**

이것저것의 하루

어서 와! 여기는 북극의 하늘이야.

나는 북극성, 폴라리스야.

야! 우린 소개 안 하냐?

앗, 알겠어. 우리 별 삼 형제는 작은곰자리라는 별자리의 한 부분을 이루고 있어.

우리는 바로 여기 있어!

작은곰자리의 일부

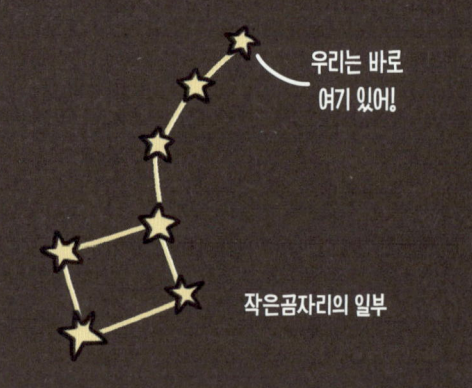

북극성은 극지방 위에 떠 있기 때문에 일 년 내내 밤새 볼 수 있어.

우리는 위치가 거의 변하지 않아!

하지만 오직 북반구에서만 보이지.

북극

남극

여기는 남반구라 안 보여

큰곰자리 같은 별자리에 있는 두 별을 이용해 우리를 찾아낼 수도 있어.

큰곰자리의 일부 (북두칠성)

쉽지?

기준이 되는 두 별

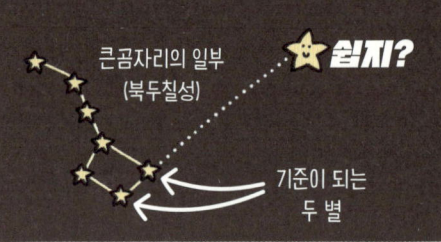

하늘엔 수많은 별들이 있어. 별 중에는 북극성보다 훨씬 크고 밝은 별도 많지.

남극 위에는 북극성 같은 밝은 별이 없어.

남십자성을 이용해 남극 방향을 찾지!

남십자성

하늘에 보이는 별자리 별들을 모두 연결하면 십(十)자 모양이 돼서 남십자성이라는 이름이 붙었어……

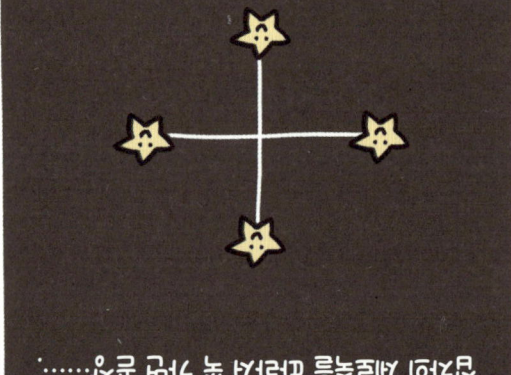

밝은 별이 네 개인 남십자성은 밤에 잘 보이는 별자리야.

아케르나르

아크룩스 (여기)

가크룩스

미모사

남극 하늘 위 별 중 하나로, 유명한 남십자성이 있어.

남쪽 하늘엔 **남십자성**

이것저것의 하루

요모조모 뜯어보기 ~~~ 빛나는 짝꿍 별들 ~~~

태양은 특이하게도 홀로 있는 별이야. 하지만 다른 별들은 대부분 둘씩 짝을 지어 서로의 주위를 돌고 있지. 이것을 쌍성계라고 해. 셋 이상이 모여서 서로의 궤도를 도는 다중성계도 있고, 아예 은하를 이룰 만큼 많은 별들이 모여 있을 때도 있어.

짝꿍이 최고야

큰개자리에 있는 시리우스 A는 지구에서 볼 수 있는 가장 밝은 별이야. 멀리 떨어져 있는 침침한 백색 왜성인 시리우스 B와 쌍성계를 이루지. 시리우스 A와 시리우스 B는 서로의 주위를 돌아.

셋도 좋아!

먼 옛날 북반구를 여행하는 사람들은 어두운 밤에도 북극성을 보고 길을 찾아갈 수 있었어. 1780년 영국의 천문학자 허셜은 한 개의 별이라고 생각했던 북극성이 실은 서로 다른 세 개의 별이 이루고 있는 '삼중성계'라는 사실을 처음 발견했지.

일곱 자매 별

수많은 별들로 이루어진 플레이아데스성단은 밤하늘에서 쉽게 찾을 수 있어. 플레이아데스는 그리스 신화에 나오는 '아틀라스의 일곱 딸'이라는 뜻이지. 그런데 이 성단의 별은 1000개가 넘고, 이 가운데 특별히 밝게 빛나는 별은 일곱 개가 아닌 아홉 개야!

아름답지? 우리 은하

이것저것의 하루

안녕? 나는 우리 은하야. 영어로는 '밀키 웨이(Milky Way)'라고 해.

밀키 웨이는 먼 옛날 사람들이 나를 신이 뿜어낸 하얀 우유라고 생각해서 붙인 이름이야.

우웩, 맛없어!

나는 수없이 많은 은하 중 하나일 뿐이야. 나이는 우주만큼 많고, 최대 4000억 개의 별과 그와 비슷한 수의 행성을 품고 있지!

나선 팔 / 은하 중심 / 지름 약 10만 광년

너희가 사는 지구와 귀여운 태양계는 나의 나선 팔 중 하나에 들어 있어. 너희 눈에 보이는 띠 모양의 빛은 내 안에 있는 수많은 별에서 나온 거야.

너희가 있는 곳(추정) / 중앙 팽대부 / 블랙홀 / 원반

은하는 별과 가스, 먼지 등이 중력 때문에 모여 있는 거대한 천체야. 모양은 무척 다양해. 자세한 설명은 61쪽에서 이어 갈게.

나선형 / 막대나선형 / 타원형 / 불규칙형

내 한가운데에 있는 블랙홀은 가까이 있는 것들을 모두 꿀꺽 집어삼켜.

배고파!

그리고 나의 전체 질량 중 대부분을 차지하는 건 바로 '암흑 물질(66쪽 참고)'이야. 아무것도 안 보인다고? 당연해! 암흑 물질은 눈에 보이지 않거든!

암흑 물질이 무엇인지 정확히 아는 사람은 없어. 그래서 나도 신경 안 쓸 거야. 어쨌든 지금 내 모습은 너무 아름답잖아?

참, 내 나선 팔이 초속 200킬로미터로 빠르게 도는 게 암흑 물질 덕분이라며? 아무러면 어때!

윙윙!

언젠가 나는 가장 가까운 이웃인 안드로메다은하와 충돌할 거야!

내가 만나러 갈게! / 천천히 와!

다행히 그런 일은 40억 년쯤 뒤에 일어날 거야. 그러니 그 전까지 멋진 내 모습을 실컷 감상해!

어쩜 저렇게 아름다울까!

| 요모초모 뜯어보기 | ~~ **은하 탐사를 떠나자!** ~~ |

허블 우주 망원경은 우리 은하 바깥에 있는 여러 은하의 모습까지 사진에 담는 데 성공했어.
물론 이건 우주에 존재할 것으로 추정되는 약 2000억 개 은하 가운데 아주 작은 일부일 뿐이야.
은하의 모양과 크기는 매우 다양한데, 가장 큰 은하에는 자그마치 100조 개가 넘는 별이 있을 거래!

나선 은하

나선 은하에는 두 가지 유형이 있어.

바림개비형

빗장나선형

우리 은하와 마찬가지로 별이 탄생하는 곳은
빙빙 돌아가는 기다란 나선 팔 부분이야.

타원 은하

달걀처럼 갸름하게 생긴 이 은하들은 비교적 크기가
작은 편이고, 안에는 나이 든 별들이 많아.

불규칙 은하

대마젤란은하

소마젤란은하

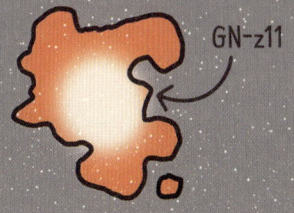
GN-z11

대마젤란은하와 소마젤란은하는 우리 은하와 가까워서
지구의 남반구에서도 볼 수 있어.

GN-z11은 지금까지 발견된 은하 가운데 가장 오래되고
가장 멀리 떨어져 있어. 지구와의 거리가 어마어마해서
우리가 보는 건 빅뱅이 일어난 후
고작 4억 년쯤 지났을 때의 모습이야.

텅 빈 공간

 은하와 은하 사이의 공간은 1세제곱미터에 원자 한 개가 있을 정도로
거의 완벽에 가까운 무(無)의 상태라고 할 수 있어. 쉽게 말해, 아무것도 없다는 거지!

| 요모조모 뜯어보기 | ~~ **소행성 충돌을 막아라!** ~~ |

약 6500만 년 전, 한 소행성이 지구와 부딪치면서 공룡이 모두 사라지고 생태계가 완전히 바뀌었어.
오늘날 천문학자들은 2만 5000개가 넘는 '근지구 천체'의 움직임을 계속 주의 깊게 살피고 있어.
근지구 천체란 지구와 충돌할 가능성이 높은 천체인데 대부분이 소행성이야.
대표적인 몇 가지를 소개할게.

4581 아스클레피오스

지름이 약 1킬로미터인 이 소행성은
1989년 3월 말에 처음 발견됐어.
지구 바로 옆을 지나가기 며칠 전이었지!
그래서 천문학에 관심이 많은 사람들은
3월 23일을 매우 특별한 날로 기억한대.
어휴, 상상만 해도 떨린다!

1036 가니메드

지름이 30킬로미터가 넘는 이 소행성은
'지구를 위협할 가능성이 높은 소행성' 중 가장 커.
그래서 지금은 지구에서 멀리 떨어져 있는데도
천문학자들이 계속 지켜보고 있지.
다행히 가니메드가 움직이는 길은
지구 궤도와 만나지 않고, 목성에 더 가깝대.

1999 AN10

이 조그만 소행성은 2027년에 지구에서
39만 킬로미터 떨어진 지점까지 다가올 거야.
용기가 있다면 망원경으로
이 소행성의 움직임을 따라가 봐!

J002E3

처음에는 소행성인 줄 알았던 이 천체는 아폴로 12호가
우주에 남기고 간 보조 추진 로켓으로 추정된대.
아폴로 12호는 1969년 달 탐사에 성공한 우주선이야.
언젠가 이것이 달과 충돌할 거라고 생각하면 재미있지 않니?

빅뱅 '우나'의 비밀 일기

다음은 팽창하고 있는 우주 '우나'가 138억 년 전부터 써 온 비밀 일기야.

～1～
이제 곧 시작한다!

미안! 나는 오늘이 며칠인지 몰라. 아직 시간이라는 개념이 생기지 않았거든. 나는 상상할 수 없을 만큼 빽빽하게 뭉쳐 있는 에너지 덩어리야. 크기는 원자보다 더 작고, 온도는 10^{32}(=100,000,000,000,000,000,000,000,000,000,000)도가 넘어. 언젠가 나는 아주 큰일을 해내고 말 거야! 아마도 곧……

～2～
10억분의 1초 뒤

그동안 나는 몸집이 수조 배 더 커졌어. 이유는 나도 잘 몰라. 내 몸은 입자라는 작고 이상한 알갱이들로 이루어져 있는데, 지금은 여러 입자들이 서로 계속 충돌해서 사라지고 있어. 이러다 모두 다 사라지면 어쩌지?

～3～
100만분의 1초 뒤

만세! 다행히 입자들이 다 사라지진 않았어. 남은 입자들이 '물질'이라는 것을 만들어 냈거든. 어떤 물질은 양(+)전하를 가지고 있지만 나머지 물질은 전하가 전혀 없어. 나는 이들을 양성자(+)와 중성자(0)라고 불러.

+	양성자
O	중성자
P	입자
AP	반입자
H	수소
He	헬륨

～ 4 ～
40만 년 뒤

이제 드디어 시간이란 개념이 생겼어.
그런데 시간은 정말 빨리 지나가는 것 같아!
그동안 나는 온도가 많이 내려갔어. 덕분에 중성자와
양성자에 아주 작은 전자(-)가 합쳐진
원자라는 게 만들어졌지. 대단하지 않니?
나는 그동안 엄청난 양의 빛 에너지도 뿜어냈어.

～ 6 ～
10억 년 뒤

와, 이게 무슨 일이야! 한데 뭉쳤던
수소와 헬륨이 다시 중력의 힘으로
수십억 개의 은하를 이루었어!
은하 안에서는 별들이 속속 생겨나고 있어.
나는 여전히 계속 팽창하고 있지만,
이 많은 은하를 다 품을 수 있을지는 잘 모르겠네.

～ 5 ～
5억 년 뒤

그동안 원자들은 가장 가벼운 원소인
수소와 헬륨을 만들어 냈어.
그런데 이게 무슨 일이람!
이 원소들 사이에 중력이 생겨서 자기들끼리
서로 뭉치기 시작한 거야!
이제는 내가 통제할 수준을 넘어선 것 같아.
아, 어쩌지?

～ 7 ～
138억 년 뒤

와우! 나만큼 변화가 많은 삶이 있을까?
이제 내 안에는 별, 행성, 은하, 심지어
생명체까지 있어. 게다가 지금도 계속 빠른 속도로
팽창하고 있지. 어떻게, 왜 그럴 수 있는지는 나도 몰라.
내가 40억 년 전쯤 만든 태양계에 사는 인간들이
언젠가 그 이유를 밝혀내 줄 거야.
제발 부탁할게!

이것저것의 하루

정체를 밝혀라! 암흑 에너지

이 페이지가 온 우주라고 상상해 봐. 우주에서 너희 눈에 보이거나 만질 수 있는 건 지금 이 작은 칸 안에 있는 게 전부야.

맨 아래쪽 세 칸을 뺀 나머지는 모두 아주 미스터리한 무언가로 이루어져 있어. 그건 바로 나야!

너희 눈에는 내가 보이지 않을 거야. 과학자들은 이런 나를 '암흑 에너지'라고 불러. 멋진 슈퍼 히어로 이름 같지? 으하하!

사실 나는 암흑처럼 까맣지 않아! 그저 눈에 보이지 않을 뿐이지!

보통 물질과 다르게 나는 볼 수도 만질 수도 없고 느껴지지도 않아.

하지만 나는 우주를 이루는 것 가운데 약 68퍼센트를 차지해. 생각보다 꽤 많지!

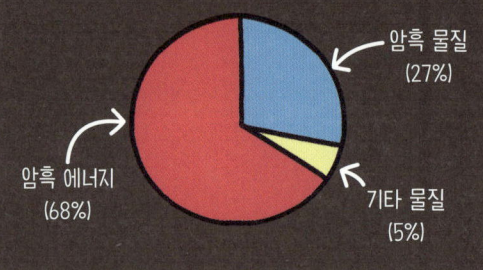

- 암흑 물질 (27%)
- 암흑 에너지 (68%)
- 기타 물질 (5%)

우주를 점점 크고 빠르게 팽창시키는 원동력이 바로 나일 수도 있어.

우주가 점점 커질수록 나도 더 많이 생겨나겠지. 나 좀 멋진 듯! 히히.

사실 이렇게 요상한 존재는 나 혼자만이 아니야. 내 친구 '암흑 물질'을 소개할게!

안녕?

내가 바로 암흑 물질이야! 나도 눈에 보이진 않지만 우주 전체의 약 27퍼센트를 차지하고 있어. 이 페이지에서 파란 선을 두른 칸이 27퍼센트쯤 될 거야.

너희 인간들은 내가 분명히 존재한다는 걸 알 수 있다면? 하지만 내가 뭔지도 알아?

빨리 알아내! 내 정체가 뭔지 환하게 밝히란 말이야!

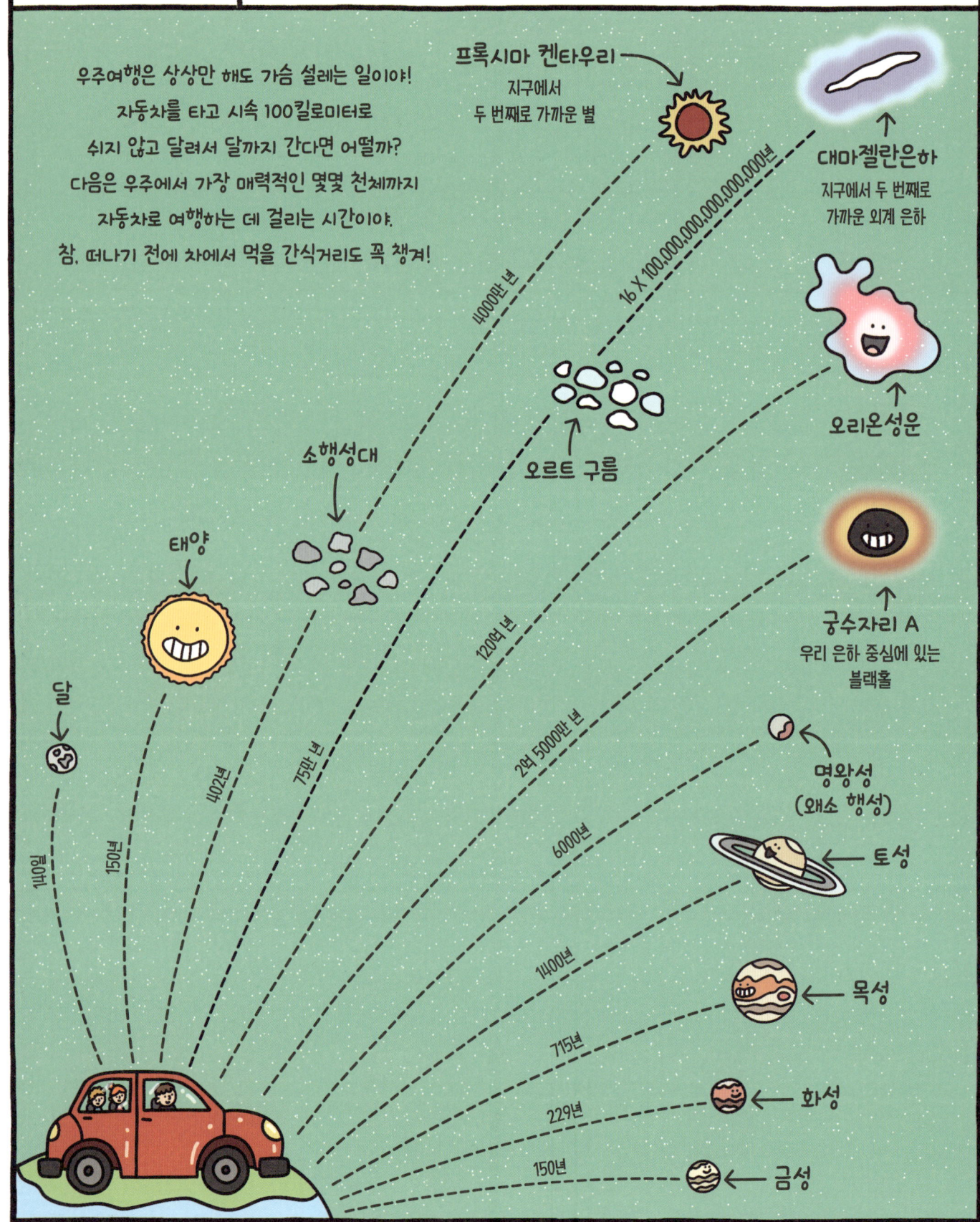

우주 탐사

인류가 지구상에 처음 나타난 것은 약 30만 년 전이야.
하지만 우주로 나가기 시작한 것은 고작 60여 년 전부터야.
놀랍게도 그 짧은 시간 동안 사람들은 **달 위를 걷고, 우주 정거장을 세우고,**
화성을 미래의 휴가지로 점찍어 두기까지 했어.

이번 장에서는 그동안 사람들이 **어떻게 우주 탐험이라는 꿈을 좇아 왔는지**
살펴볼 거야. 그 과정은 인류가 이룬 가장 위대한 발전이라고 할 수 있어.

이것저것의 하루

전쟁 무기에서 탐사 장비로! 로켓

1944년 6월 20일, 저 아래 지구에서는 제이 차 세계 대전이 한창 벌어지고 있어. 쉿, 나는 독일군이 시험 발사한 비밀 로켓이야. 암호명은 MW 18014!

슈웅!

다행히 난 높은 곳을 무서워하지 않아!

나는 역사상 최초로 '카르만 라인'을 넘어선 인공 물체야. 카르만 라인은 대기권과 우주를 나누는 가상의 경계지. 고도 100킬로미터 지점을 가리켜.

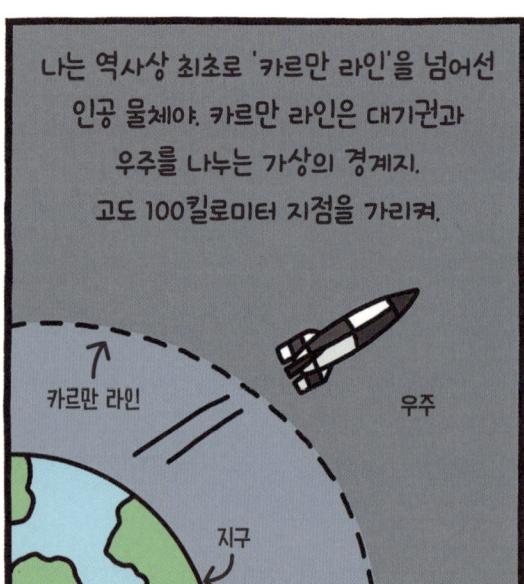

카르만 라인 / 우주 / 지구

안타깝게도 나는 이번 시험 발사가 전혀 신나지 않아. 독일 로켓 공학자들이 나를 설계한 목적은 V-2 로켓이라는 무시무시한 전쟁 무기로 쓰기 위해서거든.

균형을 잡아 주는 지느러미 같은 장치 / 로켓이 계속 돌고 있다는 사실을 보여 주는 특별한 표식 / 폭약 / 전체 길이 14m

솔직히 말하면 끔찍한 전쟁을 피해 지구에서 멀리멀리 떠나고 싶기도 해.

쉬익!

와우! 어느새 고도 176킬로미터까지 올라왔네! 이건 세계 신기록이야! 그런데 이제 난 어떻게 되는 거지?

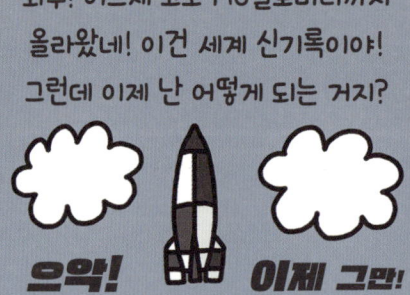

으악! / 이제 그만!

안녕? 난 중력이야. 여기서부터는 나한테 맡겨.

떨어지잖아!

앗, 미안!

흑흑, 역시 올라갈 때가 있으면 내려갈 때도 있나 봐.

쾅!

☆ 전쟁 이후, V-2 로켓의 설계도는 미국과 소련이 최초의 우주 탐사를 계획하는 데 활용되었어.

| 요모조모 뜯어보기 | ~~~ 아주 간단한 **로켓의 역사** ~~~ |

약 1000년 전 중국에서 화약이 발명된 이후, 사람들은 하늘로 날아오르는 로켓 만들기를 꿈꾸기 시작했어. 로켓의 역사를 간단히 살펴볼까?

불 맛 좀 봐라!
1232년 중국의 병사들은 전쟁 때 화살에 불붙인 화약을 매달아 쏘았어.

연기와 함께 사라지다!
15세기 중국 명나라의 관리였던 완후는 우주로 가고 싶어서 자기가 앉은 의자에 불을 붙였다는 전설이 있어. 완후는 의자 밑바닥에 47개의 화약을 달고 앉은 뒤 하인들에게 불을 붙이라고 명령했지. 다음 순간, 펑 하는 요란한 폭발이 일어났고, 완후는 뿌연 연기와 함께 사라져 버렸대!

로켓 맨 1
러시아 제국의 수학 교사 콘스탄틴 치올콥스키는 과학 소설에서 영감을 얻어 1903년 세계 최초로 우주 탐사용 로켓을 생각했어. 오늘날에도 그가 만든 로켓의 설계를 활용하고 있지.

로켓 맨 2
미국의 로켓 연구가 로버트 고더드는 1926년 세계 최초의 현대식 액체 연료 로켓인 '넬'을 시험 발사했어. 넬은 고작 2.5초 동안 공중을 날다가 배추밭에 추락했지만 어쨌든 비행에 성공한 건 사실이야!

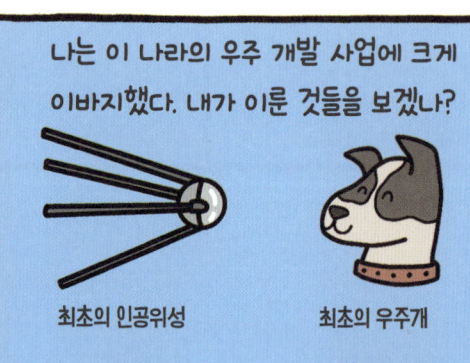

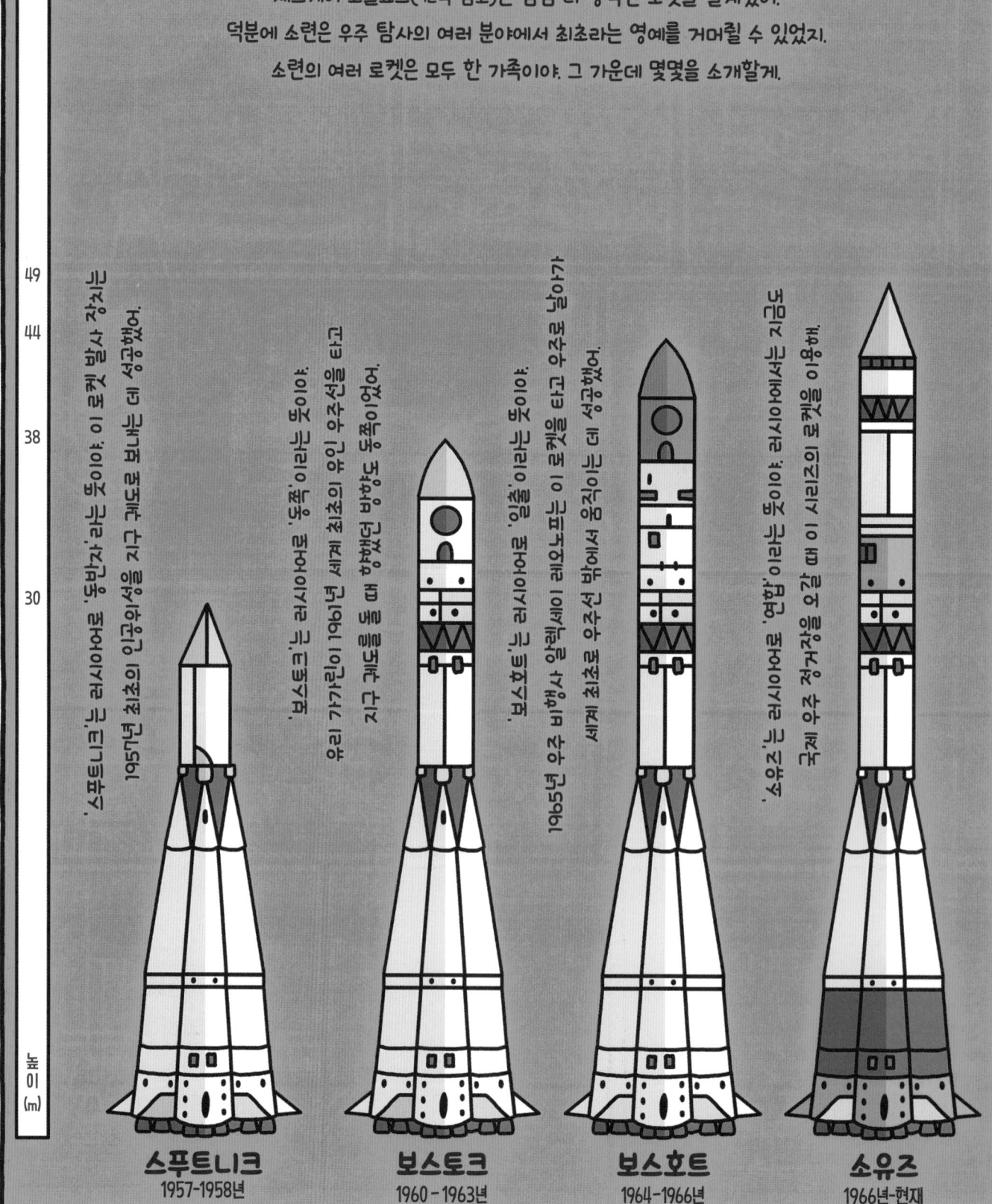

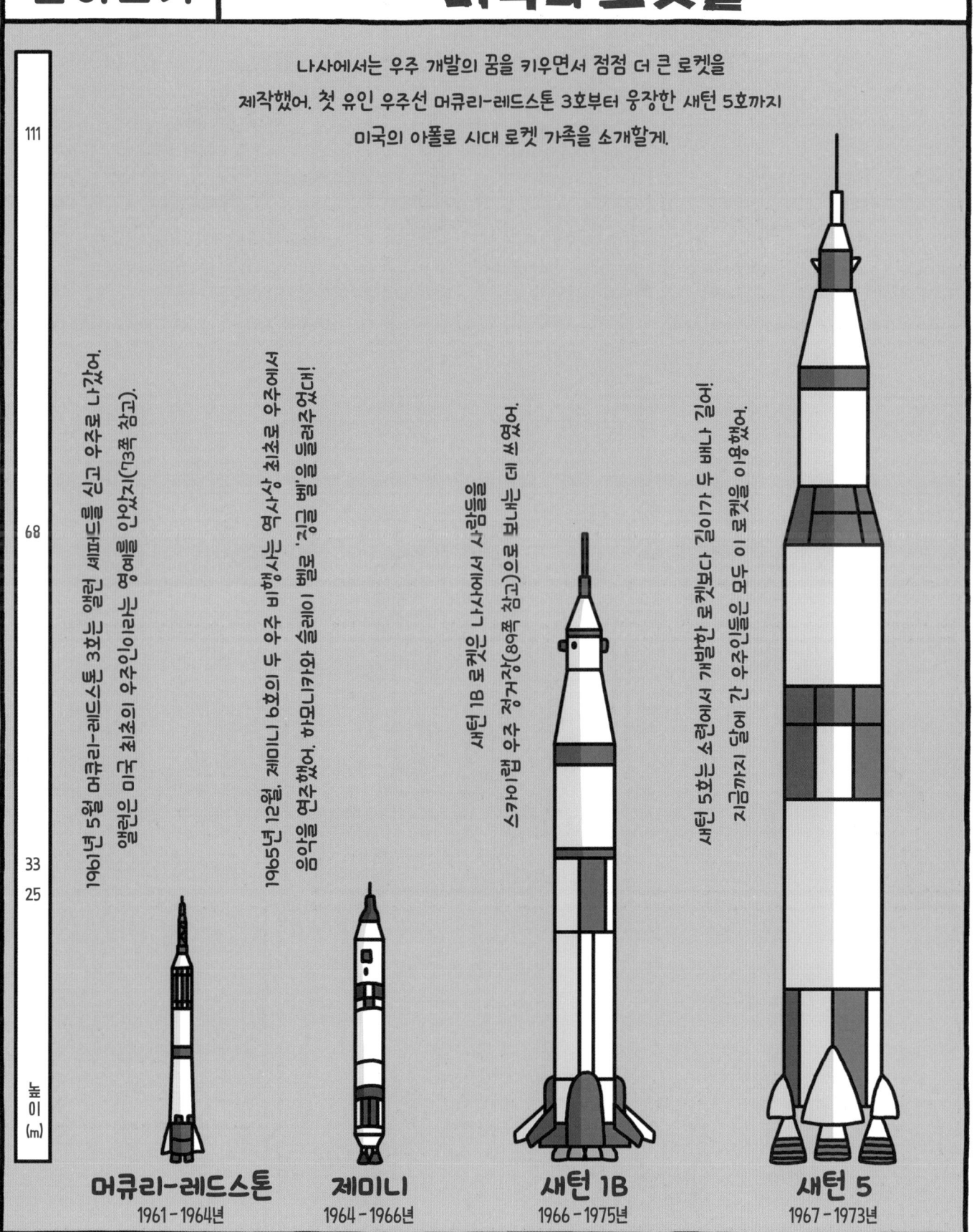

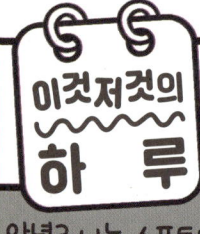

| 요모조모 뜯어보기 | # 우주로 간 동물들 |

동물들은 지난 75년 동안 인류가 우주 탐사를 계획하고 실행하는 데 엄청난 도움을 주었어. (물론 스스로 원해서 한 건 아니었을 거야.) 중력 가속도, 무중력 상태, 우주 방사선 등 우주여행에 따르는 온갖 위험 상황을 동물들을 대상으로 먼저 시험했거든. 지금까지 우주로 간 유명한 동물들을 소개할게.

가장 높이 올라간 초파리

우주로 간 최초의 생명체는 작은 초파리였어. 1947년 미국은 독일에서 가져온 V-2 로켓의 맨 앞부분에 초파리 200마리를 실어서 지상 109킬로미터 높이까지 올려 보냈어.

우주개

소련 모스크바의 거리를 떠돌던 개 라이카는 1957년 11월 세계 최초로 지구 궤도에 들어간 동물이 되었어. 하지만 안타깝게도 살아서 돌아오진 못했어.

착지의 달인 고양이

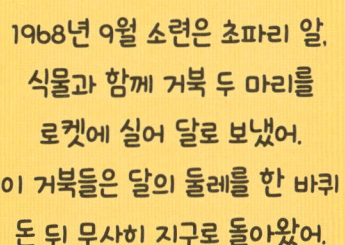

1963년 10월 18일 프랑스의 로켓을 타고 날아간 펠리세트는 세계 최초이자 유일한 고양이 우주 비행사였어. 특히 지구로 무사히 돌아와서 큰 박수와 환호를 받았지.

달에 간 거북

1968년 9월 소련은 초파리 알, 식물과 함께 거북 두 마리를 로켓에 실어 달로 보냈어. 이 거북들은 달의 둘레를 한 바퀴 돈 뒤 무사히 지구로 돌아왔어.

우주로 간 스파이더맨?

무당거미 아니타와 아라벨라는 1973년에 스카이랩 우주 정거장으로 날아갔어. 무중력 상태가 거미가 집을 짓는 데 영향을 미치는지 알아보는 실험에 참여해야 했거든. 처음에는 영향이 있는 듯했지만, 거미들은 금세 다시 집을 지었대.

우주의 생존자들

현미경으로 봐야 할 만큼 작지만 끈질긴 생명력을 자랑하는 곰벌레는 2007년 우주 공간에 12일 동안 우주복도 없이 맨몸으로 나가 있었어. 놀랍게도 그중 몇몇은 여전히 살아 있었지. (자세한 이야기는 110쪽에서 해 줄게.)

우주 원숭이 '베이커'의 비밀 일기

다음은 우주 경쟁 시대에 우주 탐사를 떠난 원숭이 '베이커'의 비밀 일기야.

모험을 떠나기 전 내 모습!

주피터 로켓!

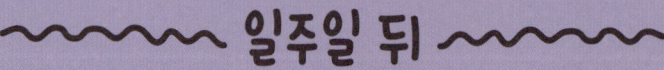
1959년 초

미안한데 나는 오늘이 며칠인지 몰라! 내 뜻과는 전혀 상관없이 어느 날 갑자기 남미 페루에 있는 우리 집에서 이곳 미국 플로리다주의 어느 펫 숍으로 끌려왔거든. 더 기막힌 건 지금 나 같은 다람쥐원숭이 스물다섯 마리와 함께 또 어딘가로 가고 있다는 거야. 크르릉! 알고 보니 나사라는 곳에서 돈을 주고 우리를 샀대. 이유가 뭐냐고? 아무도 몰라. 혹시 우주 바나나 같은 걸 찾고 있나?

일주일 뒤

드디어 왜 우리를 여기로 데려왔는지 알았어. 우리를 주피터라는 로켓에 태워서 우주로 보낼 거래. 흑흑, 내가 가고 싶은 곳은 우주가 아니라 푸른 숲이 우거진 내 고향이라고! 아무튼 난 지금부터 과학자들에게 최대한 예쁘게 보일 거야. 그럼 내가 불쌍해서라도 다른 원숭이를 우주로 보내겠지?

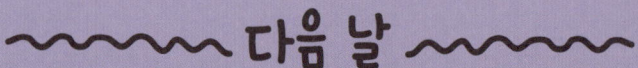
다음 날

헉, 내 작전은 완전히 실패야. 과학자들이 내가 순하고 말을 잘 듣는다며 나를 우주로 보내기로 결정했지 뭐야! 이미 내 몸에 맞춘 특수 캡슐까지 제작했고, 모니터와 연결된 전극이 달린 작은 우주용 헬멧도 받았어. 나한테 왜 이러는 거야, 잉잉!

캡슐 안에 들어간 내 모습!

~~ 1959년 5월 28일 이른 아침 ~~

이제 곧 원하지 않는 여행이 또 시작될 것 같아. 오늘 새벽, 나는 나보다 몸집이 큰 히말라야원숭이와 함께 주피터 로켓의 뾰족한 맨 앞부분에 있는 캡슐에 태워졌어. 과학자들은 우리에게 각각 '베이커'와 '에이블'이라는 이름까지 붙여 줬지. 이번 여행은 우리 말고도 인간 혈액 샘플, 효모, 박테리아, 겨자씨, 양파 몇 개도 함께 간대. 여전히 바나나는 없네. 흥!

나와 함께 우주로 떠난 원숭이 '에이블'

~~ 1959년 5월 28일 낮 ~~

만세! 우리는 모두 살았어! 우리를 태운 로켓은 고도 480킬로미터까지 날아올라서 16분 동안 우주에 머물렀어. 그중 무중력 상태가 이어진 시간은 9분이야. 비행을 마치고 다시 바다로 떨어지자 사람들이 큰 배를 타고 와 우리를 구조했지. 나는 억울한 마음이 들어서 나를 구조한 사람의 팔을 꽉 깨물었어. 내가 언제 우주에 가고 싶다고 했냐고!

~~ 다음 날 ~~

이게 무슨 일? 나는 하루아침에 스타가 됐어! 사람들은 에이블과 나를 '원숭이 우주 비행사'라고 부르고, 모형 로켓의 꼭대기에 내 사진을 걸었어. 나사에서는 소련의 동물들과 달리 우리가 살아서 돌아온 것을 무척 자랑스러워 해. 나도 마찬가지야. 그런데 우주 바나나는 정말 없는 거야?

역사적 비행을 마친 내 모습

★ 베이커는 다람쥐원숭이로는 드물게 27년 동안이나 살다가 눈을 감았어.
우주여행 25주년이 되는 날에는 딸기잼을 얹은 바나나를 먹었대!

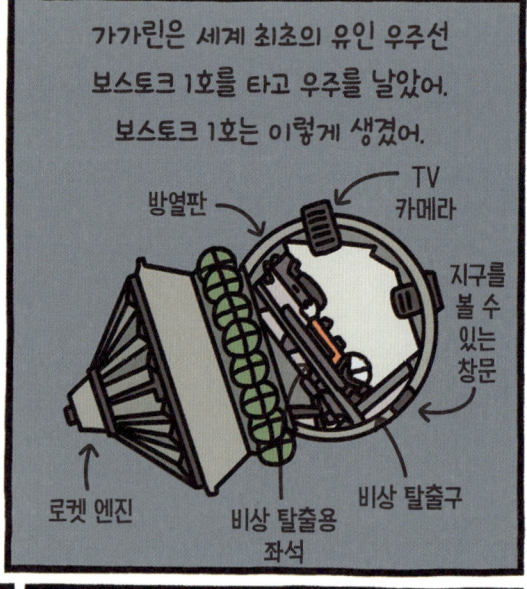

| 요모조모 뜯어보기 | ~~~ 이름난 우주 비행사 ~~~ |

세계 최초로 우주여행을 한 사람은 소련의 유리 가가린이야. 그리고 우주 시대의 새로운 역사를 쓴 또 다른 개척자들이 있어.

발렌티나 테레시코바

소련의 발렌티나 테레시코바는 원래 공장에서 일하면서 취미로 낙하산 타기를 좋아하는 가난한 이십 대 여성이었어. 하지만 1963년 보스토크 6호를 타고 우주여행을 한 세계 최초의 여성 우주인이 되었지. 발렌티나의 호출 부호인 '차이카'는 러시아어로 갈매기라는 뜻이야.

앨런 셰퍼드

앨런 셰퍼드는 1961년에 우주로 나간 최초의 미국인이야(73쪽 참고). 10년 뒤에는 달까지 날아가 세계에서 다섯 번째로 달 표면을 밟았지. 달에서 골프를 친 사람은 아직까지 앨런 셰퍼드뿐이야!

닐 암스트롱

미국의 우주 비행사 닐 암스트롱은 1969년 7월 20일 세계 최초로 달에 발을 내디딘 사람으로 널리 알려져 있어(83쪽 참고). 당시 암스트롱의 인기는 하늘을 찌를 정도여서 한 이발사는 자신이 자른 암스트롱의 머리카락을 간직했다가 수집가들에게 팔기까지 했대!

양리웨이

양리웨이는 2003년 선저우 5호를 타고 우주여행을 한 중국 최초의 우주 비행사야. 이로써 중국은 미국과 소련에 이어 세계 세 번째로 유인 우주선 발사에 성공한 나라가 되었지.

데니스 티토

미국의 엔지니어 데니스 티토는 2001년 민간인으로서는 처음으로 우주여행을 했어. 지구를 떠나 국제 우주 정거장까지 다녀오는 8일 동안의 여행을 위해 자그마치 250억 원이 넘는 돈을 썼대!

이것저것의 하루: 우주인 화가의 **색연필**

안녕? 오늘은 1965년 3월 18일이고 나는 빨간 색연필이야. 놀랍게도 난 지금 우주에 있어!

물론 나 혼자는 아니야. 색색의 다른 친구들과 함께 누군가의 손목에 단단히 묶여 있지.

반가워!

그게 누구냐고? 소련의 우주 비행사 알렉세이 레오노프야. 지금은 동료 파벨 벨랴예프와 함께 보스호트 2호를 타고 지구 궤도를 도는 중이야.

- 카메라
- 우주 비행사 캡슐
- 우주 유영을 위한 출입구 에어 록
- 로켓 엔진

짜잔! 이 사람이 레오노프야. 우리로 그림 그리는 걸 아주 좋아하지.

조금 전 레오노프는 세계 최초로 우주 유영에 성공했어. 우주 유영이란 우주 비행사가 비행 중에 우주선 밖으로 나가 무중력 상태에서 활동하는 거야. '선외 활동'이라고도 해.

레오노프는 에어 록을 통해 우주 공간으로 나갔어. 우주선에서 완전히 떨어지지 않도록 몸에는 안전줄을 단단히 묶고 있었지.

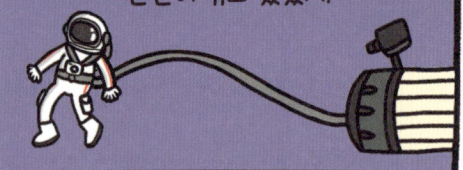

우리도 끈에 묶여 있어! 우리가 무중력 상태에서 둥둥 떠다니지 않도록 레오노프가 일일이 묶어 둔 거야.

레오노프는 12분 동안 우주 유영을 했는데, 마지막에 문제가 생겼어!

앗, 큰일 났다!

우주의 무중력 상태에서 잔뜩 부풀어 오른 우주복 때문에 몸이 에어 록에 꽉 낀 거야.

침착하자!

레오노프는 어쩔 수 없이 우주복의 밸브를 열어서 부푼 우주복을 가라앉혔고, 겨우 우주선 안으로 들어갈 수 있었어. 하마터면 큰일 날 뻔했지!

피이익!

무사히 우주선으로 돌아온 레오노프는 지구 위로 태양이 떠오르는 모습을 멋진 그림으로 담아냈어. 우주에서 완성한 세계 최초의 미술 작품이지!

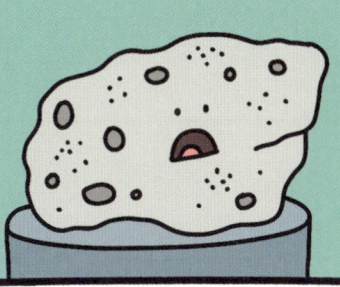

요모조모 뜯어보기 〰〰 달나라 왕복 여행 〰〰

나사의 아폴로 계획(1969~1972년)을 통해 총 열두 명의 우주 비행사가 달 표면에 발을 내디뎠어. 우주 비행사들은 세 명씩 조를 이루어 우주로 날아갔다가 다시 지구로 돌아오는 긴 여행을 했어. 이 여행에서 왕복한 거리는 150만 킬로미터나 됐지. 1970년대 초에는 전 세계 사람들 수백만 명이 텔레비전으로 로켓 발사 장면을 지켜봤어.

새턴 5호의 구조
아폴로 계획에서 쓰인 발사선 새턴 5호는 거대하고 강력한 3단 로켓이었어.

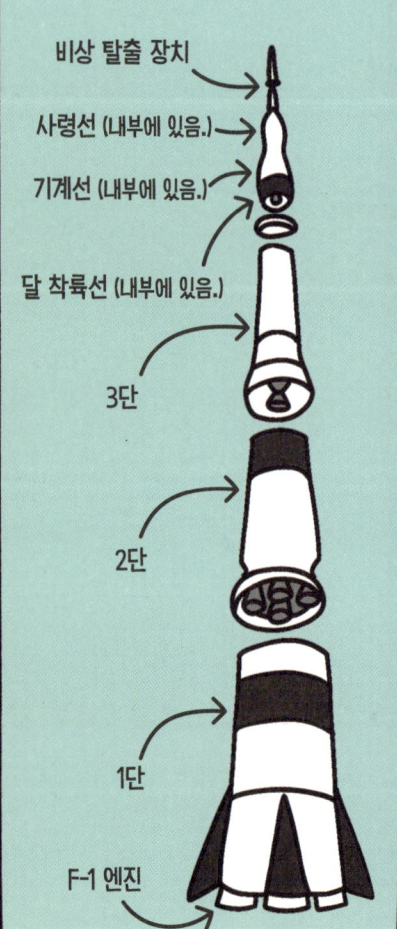

- 비상 탈출 장치
- 사령선 (내부에 있음.)
- 기계선 (내부에 있음.)
- 달 착륙선 (내부에 있음.)
- 3단
- 2단
- 1단
- F-1 엔진

아폴로 계획: 발사부터 착지까지

① 미국 플로리다주 케이프커내버럴 공군 기지의 발사대에서 로켓을 지구 궤도로 올려 보낸다.

② 연료가 바닥난 순서대로 로켓이 한 단씩 떨어진다.

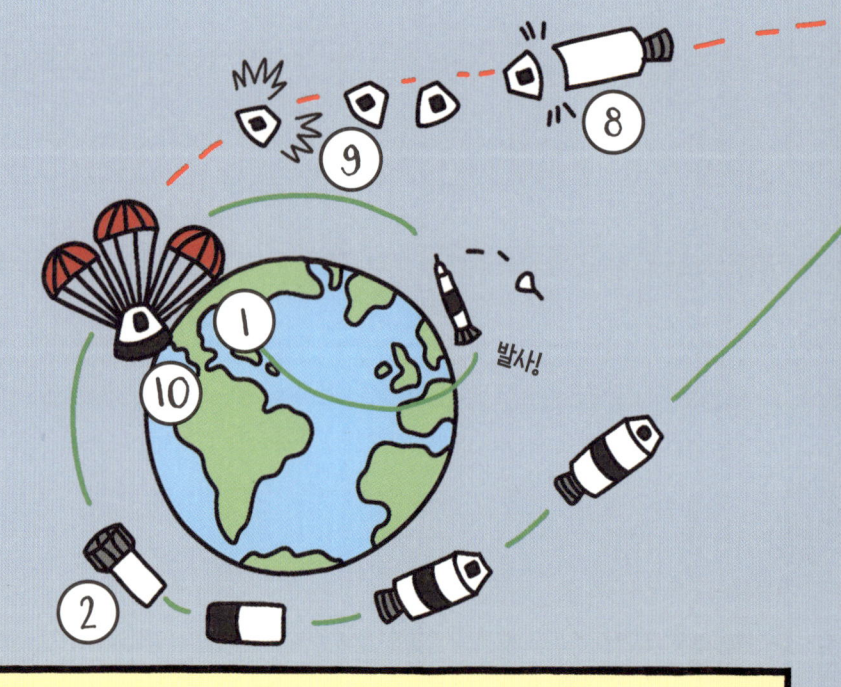

—— 우주로 나가는 경로   - - - 지구로 돌아오는 경로

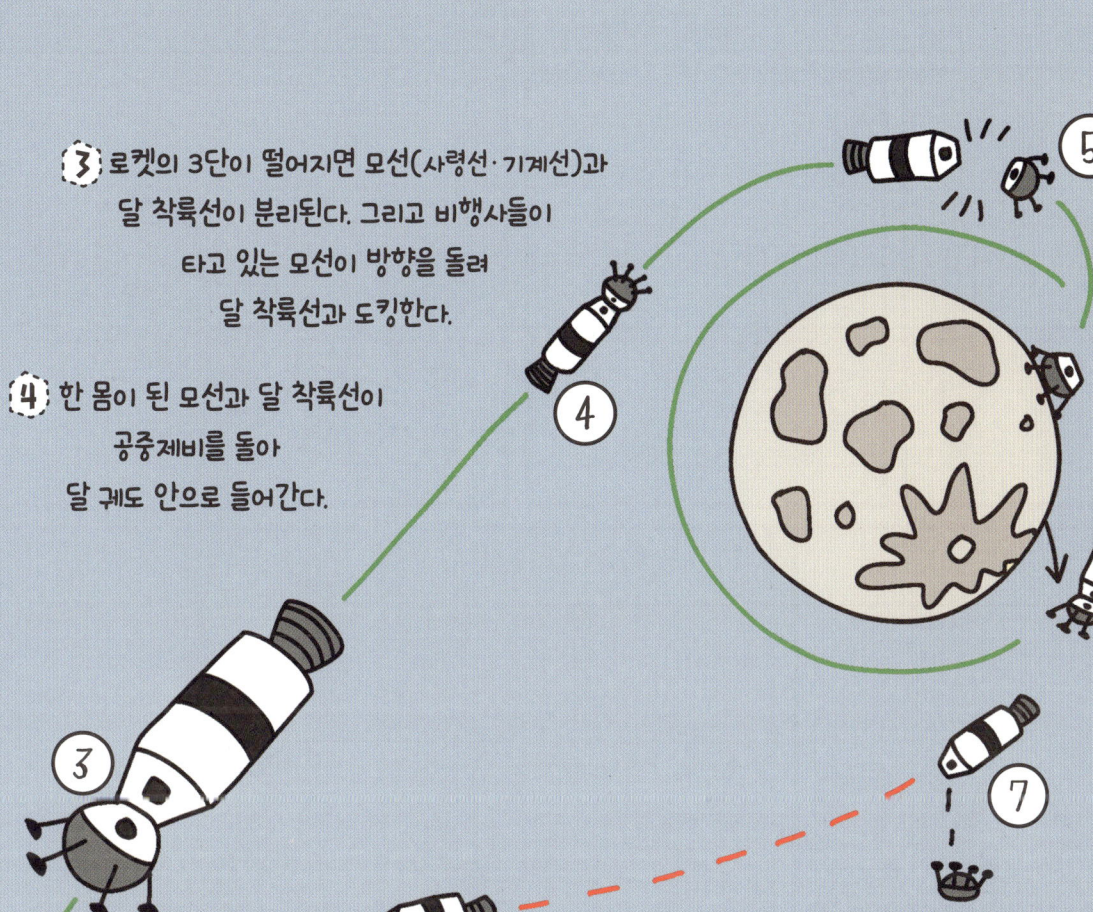

3. 로켓의 3단이 떨어지면 모선(사령선·기계선)과 달 착륙선이 분리된다. 그리고 비행사들이 타고 있는 모선이 방향을 돌려 달 착륙선과 도킹한다.

4. 한 몸이 된 모선과 달 착륙선이 공중제비를 돌아 달 궤도 안으로 들어간다.

5. 사령선에 있던 우주 비행사 두 명이 달 착륙선으로 옮겨 타면 달 착륙선은 모선에서 떨어져 나와 달 표면에 내린다. 남은 비행사 한 명은 모선에 남아 계속 달 궤도를 돈다.

6. 탐사를 마친 달 착륙선이 다시 모선과 도킹한다.

7. 모든 비행사가 모선으로 돌아오면 달 착륙선은 떼어 버린다.

8. 지구 궤도에 거의 다다르면, 비행사들은 사령선에 타고 기계선을 떼어 버린다.

9. 방열판 쪽이 대기권에 먼저 들어가도록 사령선의 방향을 바꾼다. 대기권 안으로 다시 들어가는 순간 엄청난 열이 생기기 때문이다.

10. 드디어 착지할 차례! 사령선이 세 개의 낙하산을 펴면서 바다에 떨어지면 해군함이 와서 구조한다.

요모조모 뜯어보기	~~~ 달 위를 달리는 **자동차** ~~~

미국의 아폴로 계획 중 마지막 세 차례(아폴로 15~17호) 때는 월면차라는 새로운 장비를 선보였어. 월면차는 달 표면을 돌아다니는 전기 자동차야. 관측 장치와 암석 표본 등을 운반할 때 특히 유용했지. 가장 널리 알려진 월면차 몇 대를 소개할게.

암석 표본 채취 장비

컬러 TV 카메라

흙먼지로부터 차를 보호하기 위한 장치

최첨단 장비

아폴로 17호의 사령관 유진 서넌은 월면차를 타고 시속 18킬로미터로 달 위를 내달렸어. 울퉁불퉁한 달 표면을 생각하면 엄청나게 빠른 속도야. 달을 떠나기 전, 우주인들은 월면차를 달 착륙선과 마주 보도록 주차했어. 달 착륙선이 이륙해서 지구로 돌아가는 모습을 월면차에 달린 카메라로 찍기 위해서였지. 지금도 달에는 이렇게 주차된 월면차 세 대가 남아 있어!

터덜터덜 굴러가자!

바퀴 달린 욕조처럼 생긴 소련의 무인 월면차 루노호트 2호야. 1973년 1월에 달 표면에 착륙해서 총 39킬로미터를 달리는 신기록을 세웠어!

일본 우주항공연구개발기구(JAXA)는 아주 작은 공처럼 생긴 탐사 로봇을 달 표면으로 보낼 계획을 세웠어. 이 로봇은 지름이 겨우 8센티미터밖에 안 된대!

잘 가! 미르 우주 정거장

이것저것의 하루

훌쩍! 오늘은 2001년 3월 23일이야. 나는 한때 소련이 만든 미르 우주 정거장의 일부였어. 하지만 지금은 산산이 부서진 고철일 뿐이지.

지구

잘나갈 때는 고도 402킬로미터 지점에 있는 궤도를 시속 27700킬로미터로 계속 돌았어.

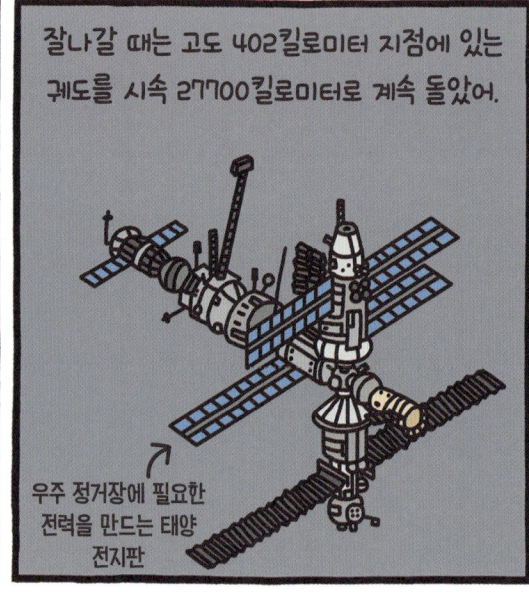
우주 정거장에 필요한 전력을 만드는 태양 전지판

미르 우주 정거장은 조립식 장난감처럼 조각조각 나뉜 모듈을 결합해서 만들었어.

1986년 2월, 가장 중요한 핵심 모듈을 첫 번째로 우주에 보냈지.
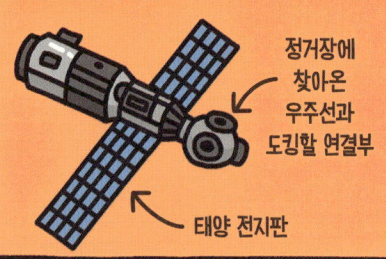
정거장에 찾아온 우주선과 도킹할 연결부
태양 전지판

그 모듈에는 우주 정거장에 계속 머무는 승무원들을 위한 작은 선실이 모여 있었어.

이 넓은 우주에서 우린 왜 이리 좁게 지내야 해?

지구에서 온 우주선이 나와 도킹하면 새로운 승무원과 부품을 만날 수 있었지.

지난 십여 년 동안 세계 각국에서 많은 사람들이 나를 찾아왔어.

메드 파리스 (시리아, 1987년) | 장루 크레티앵 (프랑스, 1988년) | 크리스 해드필드 (캐나다, 1995년) | 헬렌 셔먼 (영국, 1991년)

가장 오래 머물렀던 사람은 러시아 우주인 발레리 폴랴코프야.
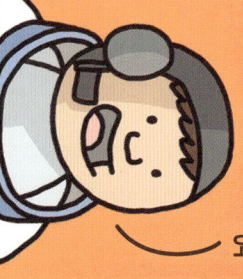
난 1994년부터 1995년 사이에 미르 우주 정거장에서 437일 18시간을 보냈어. 세계에서 가장 오래 무중력 상태에 머무른 사람으로 기록되었지!

그동안 미르에서 이루어진 실험은 2만 3000여 가지에 다다라. 하지만 새로운 국제 우주 정거장에 자리를 내주기 위해 오늘 대기권에서 불타 없어질 거야.

음, 그래도 괜찮아! 나를 휩싸는 건 영광의 불꽃일 거야!

⭐ 산산조각 난 미르 우주 정거장의 잔해는 태평양에 안전하게 떨어졌어.

요모조모 뜯어보기 — 우주 정거장의 어제와 오늘

우주 정거장은 지구 궤도를 계속 도는 최첨단 실험실이야.
과학자들은 그 안에서 온갖 다양한 실험과 연구를 하지.
그중엔 우주 공간에서 긴 시간을 보내는 것이 생명체에 어떤 영향을 미치는지에
대한 연구도 있어. 언젠가 인간이 화성 여행을 떠날 날을 대비하는 거야.
다음은 세계적으로 유명한 과거와 현재, 미래의 우주 정거장들이야.

살류트 1호

살류트 1호는 1971년 소련에서 발사한 세계 최초의
우주 정거장이야. 여러 모듈을 조립한 게 아니라
하나의 모듈로 이루어져 있었지. 안타깝게도 살류트 1호는
지구 궤도에 들어간 지 6개월 만에 불타고 말았어.

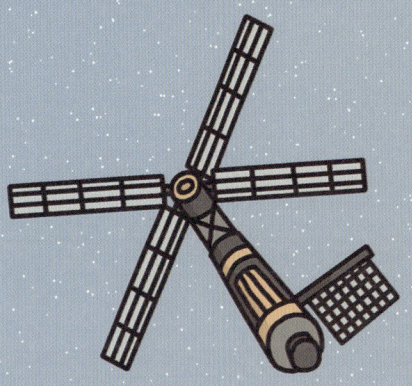

스카이랩

스카이랩은 미국 최초의 우주 정거장으로
1973년에 발사된 뒤 수백 건의 실험을 해냈어.
그러다 1979년 대기권에서 산산이 부서져
오스트레일리아 서쪽 사막에 떨어졌지.

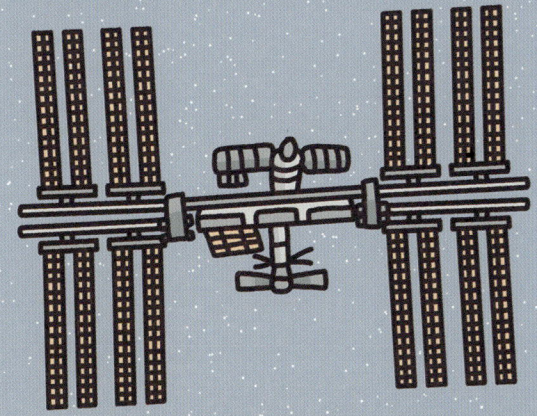

국제 우주 정거장(ISS)

국제 우주 정거장은 역사상 가장 거대한
우주 실험실이야. 2000년부터 지금까지
세계 여러 나라의 과학자들이
연구를 위해 꾸준히 이용하고 있어.

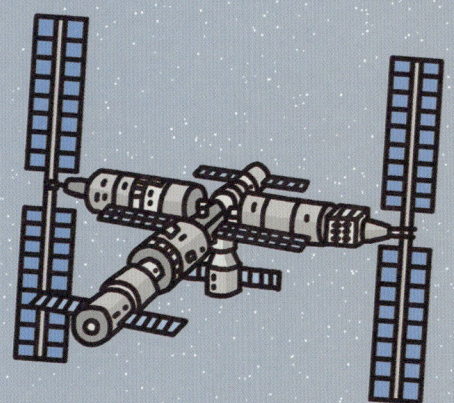

톈궁

톈궁은 현재 중국이 건설 중인 우주 정거장으로,
2021년에 첫 번째 모듈이 발사됐어. 톈궁은 중국어로
'하늘 궁전'이라는 뜻이지. 완성된 톈궁의 모습은
위의 그림과 같을 거야.

우주 생쥐 '찍찍이'의 비밀 일기

다음은 국제 우주 정거장에서 무중력 상태의 영향력 연구에 이용된 생쥐 '찍찍이'의 비밀 일기야.

우리 안에서 둥둥 떠다니는 나와 내 친구들

~~~ 첫째 날 ~~~

와, 이게 다 무슨 일이지? 바로 몇 시간 전, 나는 생쥐 친구들 아홉 마리와 함께 우리에 담겨 어마어마하게 크고 번쩍이는 로켓에 탑승했어. 지금은 국제 우주 정거장이란 곳의 한 실험실에 있는데, 이상하게 몸이 둥둥 떠오르네? 실험실에 있는 여섯 사람 중 두 명의 말로는 내일부터 우리를 관찰하기 시작할 거래. 우쒸, 나도 가만히 당하고 있지만은 않아! 인간들이 나를 연구하겠다면 나도 인간을 연구하겠어. 찍찍!

인간이 잠자는 모습

~~~ 둘째 날 ~~~

오늘부터 본격적인 인간 관찰이 시작됐어! 나는 몸이 멋대로 떠다니는 걸 막기 위해 우리 철창살에 꼬리를 칭칭 감았어. 인간들도 나와 비슷한 생각을 했는지 잠잘 때는 좁은 선실 벽에 침낭을 딱 붙이더군. 어떤 인간은 잠에서 깨면 작은 봉지에 든 물을 눈곱만큼 짜서 세수를 했어. 피부에 찰싹 달라붙은 물을 수건으로 쓱 닦는 게 끝이었지. 내 생각엔 흐르는 물로 씻는 건 불가능할 것 같아. 물도 우리 생쥐처럼 둥둥 떠오를 테니까.

제자리에서 빠르게 걷는 인간

넷째 날

오늘은 한 인간이 바닥이 움직이는 이상한 기계에 올라서서 한 시간 넘게 달리는 모습을 봤어. 기계 이름이 '트레드밀'이라던가? 인간들은 튼튼한 뼈와 근육을 위해 날마다 이런 행동을 하는 것 같아. 나도 지구에서는 쳇바퀴를 열심히 돌렸는데. 쳇!

다섯째 날

우리 생쥐들은 둥둥 떠다니는 '무중력 상태'에 완전히 익숙해졌어. 이런 변화를 관찰한 과학자들은 무척 흥분하더군. 인간들이 우주 정거장에서 이동할 때 난간을 붙잡는 것처럼 우리도 발로 비슷하게 하거든. 이 안에서는 누구나 행동이 느리고 어설퍼 보여. 하지만 우주 정거장 자체는 엄청 빠르게 움직여서 지구를 90분에 한 바퀴씩 돌고 있어. 매일 새벽을 열여섯 번이나 맞이한다면 믿을 수 있겠어?

꽉 잡아! 또 인간이 다가온다!

와, 멋지다!

여섯째 날

오늘은 일요일이야. 인간들이 대부분 쉬는 날이지. 인간들은 이메일이나 전화로 가족과 안부를 주고받기도 하고, 창밖의 놀라운 우주 풍경을 감상하며 여유로운 시간을 보내기도 해.

한 달째 날

만세! 드디어 실험이 끝났어. 지금은 지구로 돌아가는 중이야! 이제 다시 바닥에 발을 붙일 수 있다고 생각하니 너무 기뻐. 모두들 안녕!

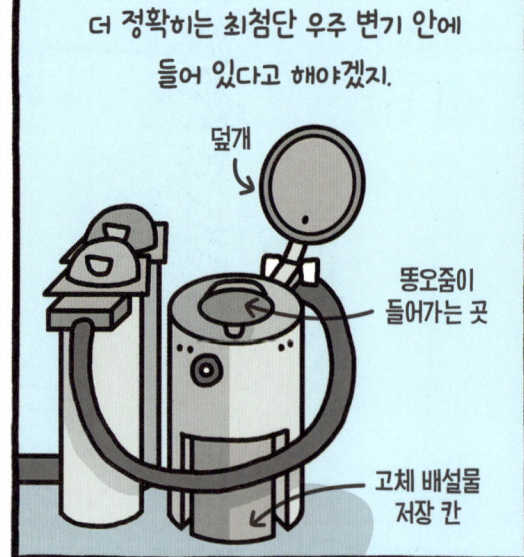

이것저것의 하루 — 외계인을 위한 소리 골든 레코드

안녕? 나는 미국에서 개발한 우주 탐사선 보이저 1호야. 1977년에 발사된 나는 지금 지구에서 230억 킬로미터 넘게 떨어진 곳까지 날아왔어. 지금으로선 세계에서 가장 먼 거리를 여행한 인공 물체지.

내가 자랑하고 싶은 게 한 가지 더 있어. 바로 골든 레코드야!

제목: 지구의 소리

지름 30cm짜리 구리 디스크에 순금을 입혀서 골든 레코드라고 해.

골든 레코드는 내 옆구리에 있어. 내가 시속 5만 6000킬로미터로 날고 있는데도 딱 붙어 있지.

바로 여기야!

레코드가 담긴 특수 알루미늄 커버 안에는 외계인을 위한 사용 설명서도 함께 들어 있어.

- 디스크 위에 바늘 얹기
- 태양계의 위치
- 레코드플레이어 조작법

약 45년 전까지만 해도 사람들은 주로 레코드로 음악을 들었거든.

이게 뭐지? / 너희 할아버지께 여쭤봐.

골든 레코드를 틀면, 갖가지 자연의 소리와 인간이 만든 소리가 흘러나올 거야.

바람 소리와 빗소리 · 파도 소리 · 동물 울음소리 · 자동차와 비행기 소음 · 로큰롤 음악 소리

골든 레코드에는 지구 풍경을 비롯한 116가지 영상도 담겨 있어.

안전한 여행 되세요!

문제는 인간처럼 똑똑한 생명체가 있을지도 모르는 다른 항성계까지 가려면 지금 같은 속도로 적어도 4만 년 이상 더 날아가야 한다는 거야. 이 지루한 성간 공간을 그렇게 오래 봐야 한다니!

이럴 때 골든 레코드라도 들을 수 있으면 덜 심심할 텐데. 후유!

| 요모조모 뜯어보기 | 어디까지 갈까? **무인 우주 탐사선** |

인간은 세계 최초의 인공위성 스푸트니크 1호 이후 수많은 무인 탐사선을 우주로 쏘아 올렸어. 이 탐사선들의 임무는 우주에서 중요한 자료를 수집해 지구로 보내는 거야. 그러다가 전력이 바닥나면 우주 공간을 떠돌거나 지구로 떨어져 불타 없어지지(일부러 떨어뜨릴 때도 있어!). 널리 알려진 무인 우주 탐사선 몇 개를 소개할게.

루나 9호(소련)

루나 9호는 1966년 세계 최초로 달에 무사히 착륙했어. 처음으로 텔레비전 카메라로 달 표면의 영상을 찍어 지구로 보내기도 했어.

베네라 9호(소련)

금성 탐사선 베네라 9호는 1975년 금성 표면에 무사히 착륙했지만 고작 53분밖에 머물지 못했어. 펄펄 끓는 듯한 표면 온도를 견디기 힘들었기 때문이야.

지오토(유럽 우주국)

지오토는 핼리 혜성을 연구한 탐사선이야. 1986년 핼리 혜성의 핵에서 600킬로미터쯤 떨어진 지점까지 바싹 다가가 사진을 찍는 데 성공했지(47쪽 참고).

니어 슈메이커(미국)

니어 슈메이커는 2001년 세계 최초로 소행성에 착륙한 무인 탐사선이야. 지금도 소행성에 남아 있어!

뉴 호라이즌스(미국)

뉴 호라이즌스는 2015년 세계 최초로 명왕성 옆을 지나갔어. 이후 훨씬 더 깊은 우주 속으로 날아갔지.

성간 헬리오스피어 탐사선(IHP)(중국)

중국 국가항천국(CNSA)에서 2024년 발사를 목표로 만들고 있어. 앞으로 태양계 너머 성간 공간을 여행할 거야.

혜성 사냥꾼 '로제타'의 비밀 일기

다음은 혜성을 따라잡기 위해 우주로 나간 무인 탐사선 '로제타'의 비밀 일기야.

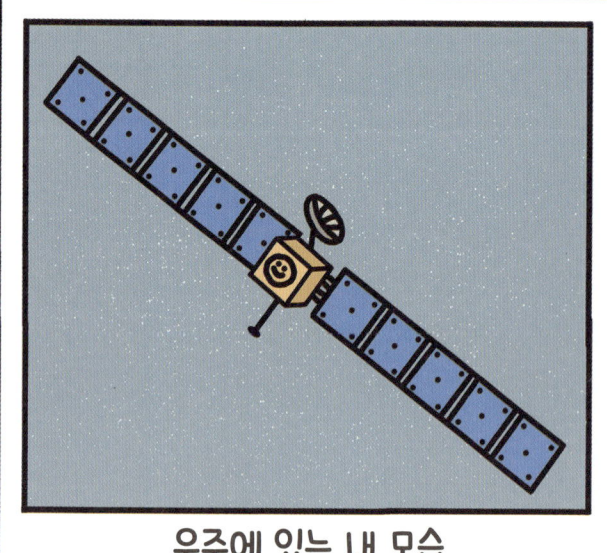

우주에 있는 내 모습

2010년 7월

와, 시간은 정말 빠르게 흘러가는구나! 2004년 유럽 우주국이 나를 우주로 보낸 지 벌써 6년이 됐어. 그동안 나는 지구 궤도를 세 바퀴 돌고, 화성과 거대한 두 소행성 옆을 지나면서 갖가지 귀한 정보를 수집해서 지구로 보냈어. 이 정도로 고생했으면 이젠 좀 쉬어도 되지 않을까?

긴 시간을 보내지 못해 아쉬웠던 목성!

2014년 4월

내가 너무 생각 없이 말했나 봐. 오랫동안 소식을 전하지 못해 미안해. 지난 2년 반 동안 나는 잠을 푹 잤어. 2011년에 목성을 지나자마자 지구에서 나를 정지시켰거든. 다시 깨어난 지금은 추류모프-게라시멘코라는 혜성을 뒤쫓고 있어.

2014년 9월

짜잔! 나는 세계 최초로 혜성의 공전 궤도에 들어간 우주선이 됐어! 나는 혜성의 표면 사진을 잔뜩 찍어서 지구로 보냈어. 덕분에 사람들은 내가 데려온 착륙 로봇 '필레'가 내려가기에 딱 알맞은 곳을 정할 수 있었어.

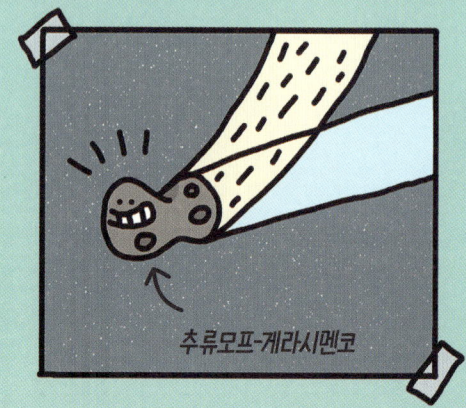

추류모프-게라시멘코

2014년 11월 12일

좋은 소식과 나쁜 소식이 있어. 좋은 소식은 필레가 오늘 혜성 표면에 내렸다는 거야. 나쁜 소식은 필레가 표면에서 두 번이나 튕겨져 나온 끝에 겨우 엉뚱한 곳에 착륙했다는 거지. 녀석이 맡은 임무를 제대로 해낼 수 있을지 걱정이야.

2014년 11월 14일

만세! 드디어 혜성 표면에 있는 필레와 연락이 됐어. 게다가 내게 중요한 정보까지 많이 보내왔지. 지구 사람들도 무척 기뻐했어. 그런데 지금은 필레가 다시 조용해졌어. 나처럼 푹 쉬고 있는 걸까? 제발 무사해야 할 텐데.

고생하는 필레의 모습

2015년 8월

와, 정말 가슴 설레는 경험을 했어! 추류모프-게라시멘코 혜성이 태양에 가장 가까이 다가갔을 때 나도 따라갔거든. 덕분에 멋진 사진과 자료를 많이 얻을 수 있었지. 필레는 지난 7월 이후 전혀 소식이 없어. 부디 별일 없기를.

필레가 어디 갔지?

필레

2016년 9월 5일

만세! 드디어 혜성 표면에 있는 필레의 모습이 내 카메라에 찍혔어! 하지만 안타깝게도 어둡고 좁은 틈새에 박혀 있어서 태양광 충전을 할 수 없는 상황이야. 저렇게 홀로 있으면 무척 쓸쓸할 텐데……

2016년 9월 30일

음, 이제 필레에게 친구가 생길 것 같아! 유럽 우주국에서 내게 혜성과 충돌하고 임무를 끝내라는 명령을 보냈거든. 이제 필레와 나는 이 얼음덩어리를 타고 영원히 태양 주위를 돌 거야. 그동안 고생한 나를 칭찬해 줘!

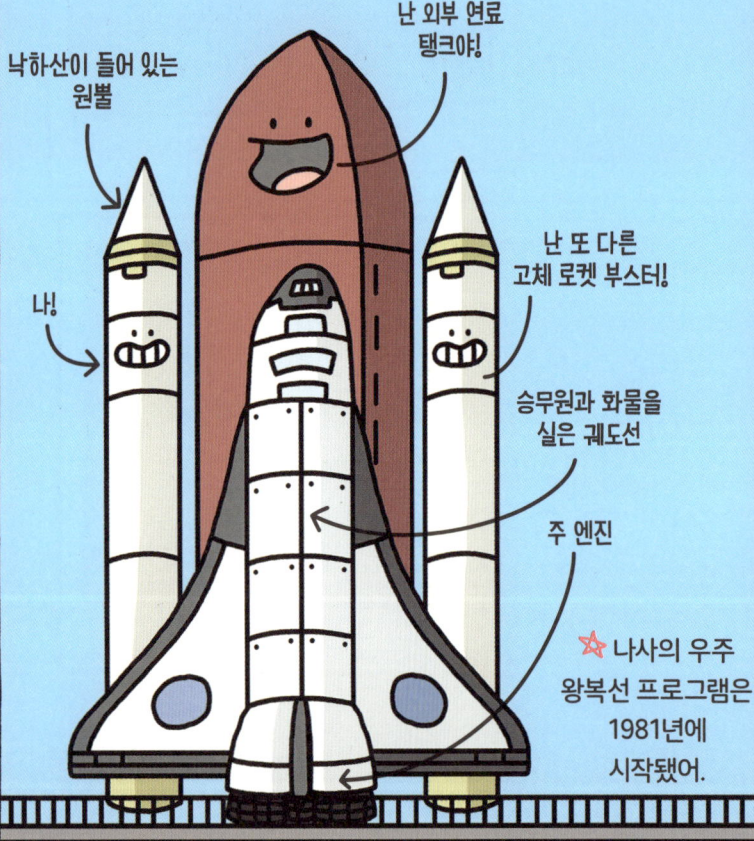

요모조모 뜯어보기 — 디스커버리호의 여행

나사에서 개발한 우주 왕복선은 총 다섯 대야. 모두 유명한 범선과 이름이 같아. 컬럼비아호, 챌린저호, 디스커버리호, 애틀랜티스호, 인데버호지. 이들은 1981년부터 여러 인공위성과 355명의 우주 비행사, 허블 우주 망원경(100쪽 참고), 국제 우주 정거장 모듈 등을 우주로 실어 날랐어. 특히 디스커버리호(아래 그림)는 우주를 39번이나 비행하는 세계 신기록을 세웠어. 우주 왕복선 프로그램은 애틀랜티스호의 33번째 임무 수행을 끝으로 2011년 7월에 막을 내렸어.

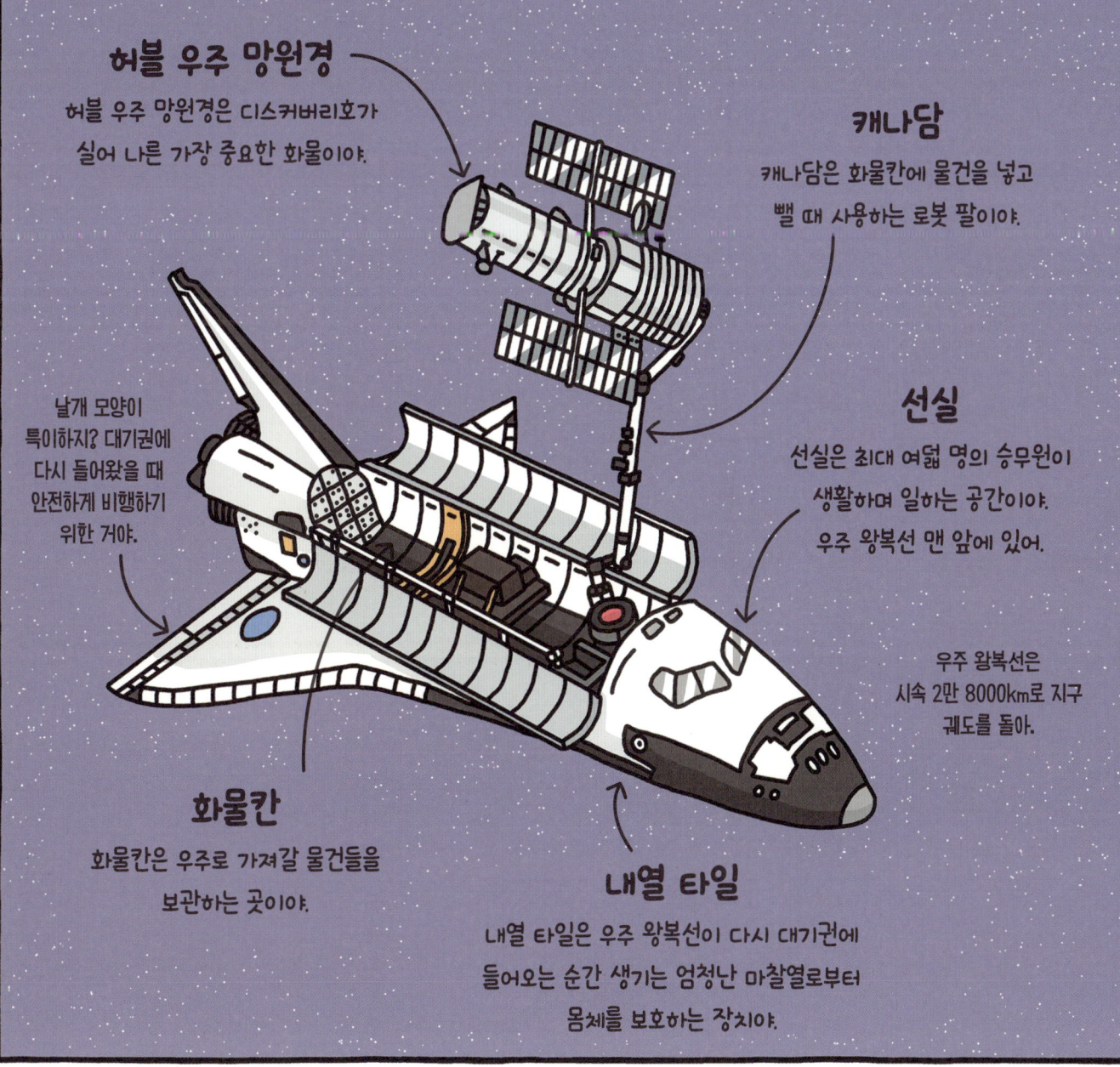

허블 우주 망원경
허블 우주 망원경은 디스커버리호가 실어 나른 가장 중요한 화물이야.

캐나담
캐나담은 화물칸에 물건을 넣고 뺄 때 사용하는 로봇 팔이야.

날개 모양이 특이하지? 대기권에 다시 들어왔을 때 안전하게 비행하기 위한 거야.

선실
선실은 최대 여덟 명의 승무원이 생활하며 일하는 공간이야. 우주 왕복선 맨 앞에 있어.

우주 왕복선은 시속 2만 8000km로 지구 궤도를 돌아.

화물칸
화물칸은 우주로 가져갈 물건들을 보관하는 곳이야.

내열 타일
내열 타일은 우주 왕복선이 다시 대기권에 들어오는 순간 생기는 엄청난 마찰열로부터 몸체를 보호하는 장치야.

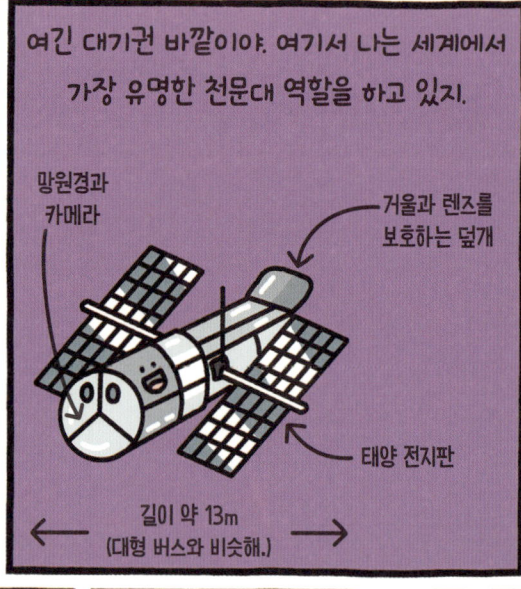

| 요모조모 뜯어보기 | 더 깊은 우주를 향한 **관측 기구** |

허블 우주 망원경은 그동안 몰랐던 우주의 비밀을 많이 밝혔어.
허블 우주 망원경처럼 지구 궤도를 도는 천체 관측 기구들은 앞으로 더 늘어날 거야.
가장 널리 알려진 천체 관측 기구 몇 가지를 소개할게.

엑스선이 느껴지니?

나사의 찬드라 엑스선 관측선은
우리 은하의 한가운데 있는 블랙홀과
그곳에서 나오는 엑스선까지 관측할 수 있어.
또 세계 최초로 화성의 엑스선 영상도 찍었어.

어둠 속의 비밀

2008년 나사에서 쏘아 올린
페르미 감마선 우주 망원경은 별들의 감마선 폭발 장면을
수없이 관측했어. 또 우리 눈에 보이지 않는
암흑 물질(66쪽 참조)도 추적 중이지.

새로운 최강자

제임스 웹 우주 망원경은 2021년에 우주로 발사됐어.
나사가 오래된 허블 망원경의 뒤를 잇기 위해
12조 원 넘게 투자해서 만들었지. 허블 우주 망원경보다
성능이 몇 배나 뛰어나서 그동안 관측하지 못했던
아주 먼 우주까지 살펴볼 수 있어.

생명체를 찾아라!

유럽 우주국은 2026년에 외계 행성 탐사선
'플라토'를 우주로 보낼 계획이야. 플라토의 임무는
태양계 밖에서 별 주위를 돌고 있는 지구 같은 행성,
다시 말해 생명이 존재할 수 있는 행성을 찾아보는 거야.

이것저것의 하루

세계 최대 망원경의 주 거울

안녕? 나는 겉면에 금속을 입힌 육각형 거울이야. 나와 늘 붙어 있는 친구들을 소개할게!

짜잔! 나를 비롯한 서른여섯 장의 거울을 벌집처럼 이어 붙여서 만든 반사경이야.
— 안녕?
— 하이!
— 반가워!
— 봉주르!

우리는 세계에서 가장 큰 광학 망원경인 '카나리아스 대형 망원경'의 주 거울이야. 전체 지름이 10.4미터나 되지!

지붕이 열리고 천장이 돌아가면서 밤하늘을 관측해.

이 망원경은 대서양에 있는 카나리아 제도 라팔마섬에 있어.

광학 망원경은 가시광선(우리 눈에 보이는 빛)을 이용해 별을 관측하는 망원경이야.

초기의 망원경은 모두 광학 망원경이었어. 이때는 거울이 아닌 유리 렌즈를 사용했지.

이탈리아의 위대한 천문학자 갈릴레오 갈릴레이(바로 나!)는 1609년 세계 최초로 직접 만든 망원경으로 천체를 관측했어.

별빛은 주 거울에 모였다가 반사되어 작은 거울로 보내져. 그럼 작은 거울이 상을 만들어.
— 멀리 있는 별의 약한 빛
— 주 거울
— 작은 거울
— 만들어진 상

우리는 아주 멀리 있는 물체까지 보아야 해서 도시의 밝은 불빛에 영향을 받지 않는 바다 한가운데 외딴섬에 있어.
— 우리
— 대서양
— 아프리카

이곳의 밤하늘은 구름 한 점 없이 맑고 새까매.
— 와, 멋지다!

사람들은 요즘 우리보다 훨씬 큰 거울이 달린 광학 망원경을 만들고 있어.
— 주 거울 지름 39.3m
— 초대형 망원경(ELT)
— 주 거울 지름 30m
— 30미터 망원경(TMT)

우린 그 망원경들이 만들어지는 동안에도 계속 신비로운 천체들을 지켜볼 거야.
— 올챙이 은하
— 독수리 성운

생각해 보면 우리도 엄청 대단한 거울이거든.
— 끄응!
— 당연하지!
— 내 말이!
— 옳소!

요모조모 뜯어보기
～～ 내 신호가 들리니? 전파 망원경 ～～

전파 망원경은 별과 은하 주변에서 나오는 전파 신호를 관측하는 장치야. 모양은 대부분 우묵하고 커다란 접시처럼 생겼고, 여러 개가 한데 모여서 대규모 관측소를 이룰 때가 많아. 전파 망원경은 우주 어딘가에 존재할지도 모르는 똑똑한 생명체를 찾기 위해 반드시 필요한 장치야. 실제로 지금까지 외계인과 연락을 시도하는 데 쓰였어.

움직이는 접시
미국 웨스트버지니아주에 있는 그린뱅크 망원경은 접시 모양의 안테나를 움직일 수 있는 전파 망원경 가운데 가장 커. 안테나의 지름이 100미터나 되기 때문에 테니스 코트 30개를 합친 것보다 더 넓은 자리를 차지하지. 2000년부터 지금까지 줄곧 외계 생명체가 보내는 신호를 찾기 위해 애쓰고 있어.

하늘의 눈
중국의 '톈옌'은 세계에서 가장 큰 전파 망원경이야. 접시의 지름이 자그마치 500미터로 축구장 30개를 합친 것보다 더 넓은 자리를 차지하지. 망원경 주변의 사방 5킬로미터 안쪽은 '전파 차단' 지대라서 휴대 전화나 컴퓨터를 사용할 수 없어.

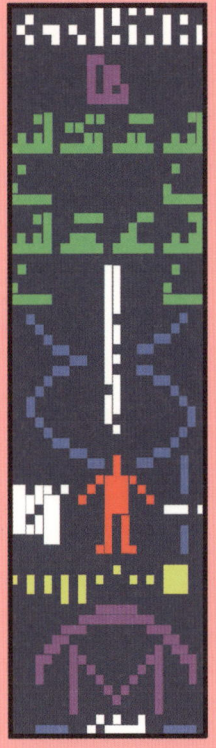

내 메시지 받았니?
1974년 푸에르토리코에 있는 아레시보 전파 망원경은 암호화된 메시지를 우주로 보냈어. 사람, 태양과 행성, 유전자, 망원경 등의 형태를 그림으로 표현한 것이었지. 하지만 안타깝게도 아직까지 답장을 보내온 외계인은 없어.

요모조모 뜯어보기 ~ 우주 비행사가 되는 방법 ~

국제 우주 정거장에는 세계 여러 나라에서 온 우주 비행사들이 있어. 그런데 우주로 나가려면 매우 길고 힘든 훈련 과정을 거쳐야 해. 네가 우주 비행사가 될 가능성이 있는지 궁금하다면, 아래의 과정을 하나하나 살펴봐. 모든 단계를 거쳐 발사 과정까지 올 수 있다면 우주 비행사의 자격이 충분해!

여기서부터 읽어 봐!

10. 학위 받기
우주 비행사가 되려면 먼저 대학교를 졸업해야 해. 공대나 의대 같은 이과 계열 학과가 더 쓸모 있지.

9. 후보 선발
나사에서 새로운 우주 비행사 훈련생을 뽑을 때마다 수천 명이 지원해. 신체검사와 면접을 거쳐 우주인 후보로 뽑히려면 1000대 1이 훌쩍 넘는 엄청난 경쟁을 뚫어야 하지.

8. 기초 훈련
첫 훈련 과정은 2년 동안 이어져. 기본 응급 처치 기술을 익히고 엄청나게 힘든 수영 연습도 하지. 국제 우주 정거장에서 소통하려면 러시아어도 읽고 쓸 줄 알아야 해.

7. 수중 훈련
우주 환경에 익숙해지기 위해 100킬로그램이 넘는 우주복을 입고 한 번에 길면 여덟 시간 동안이나 물속에서 버티는 훈련을 해.

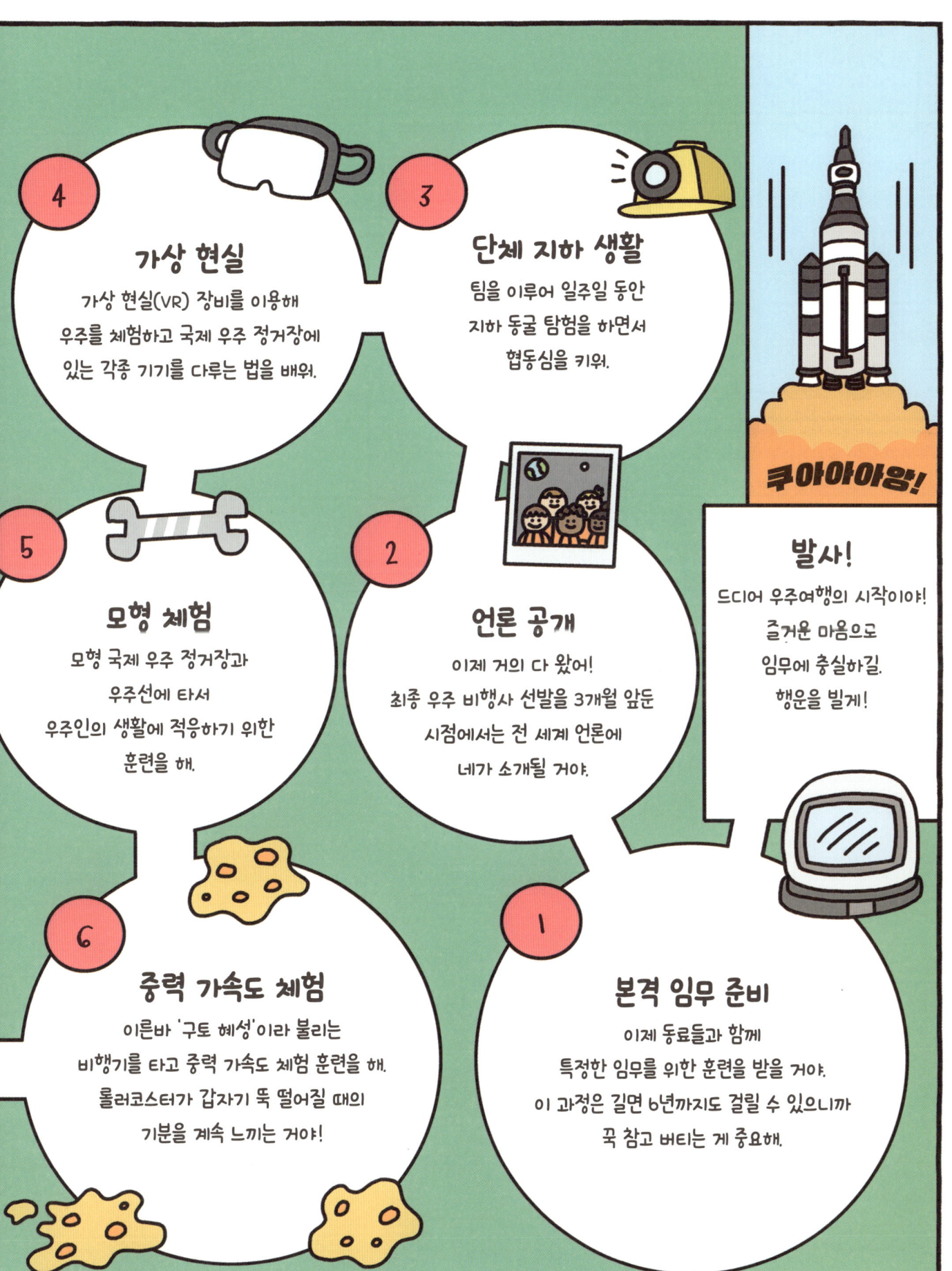

이것저것의 하루: 울렁울렁 우주 위장

안녕? 나는 무중력 상태의 위장이야.

국제 우주 정거장에 머무는 한 우주 비행사의 배 속에서 살아.

지금까지 내가 만나 본 우주 식품들을 볼래? 우주 비행사가 어느 나라에서 왔느냐에 따라 식품의 종류가 많이 달라.

- 우주 김치 (한국)
- 우주 꿍바오지딩 (중국)
- 우주 라멘 (일본)
- 우주 순록 육포 (스웨덴)

여기 있는 우주인들은 대개 미국 또는 러시아에서 왔어. 그래서 우주 식품의 겉 포장에는 영어와 러시아어가 모두 적혀 있지.

우주여행이 처음인 사람이 중력이 약한 이곳 환경에 익숙해지려면 며칠은 걸려.

울렁울렁 울렁 'ㅇㅇ

하지만 곧 캔째 데운 음식을 맛있게 먹게 될 거야.

→ 캔 전용 특수 오븐

미국 음식은 대부분 건조된 상태로 진공 비닐 팩에 담겨 있어. 주사기로 팩 안에 물을 넣어서 음식을 불린 뒤 따뜻하게 데워 먹으면 돼.

→ 나 바싹 마른 거 보여?

음료는 항상 특수한 빨대로 빨아 먹어야 해. 실수로 쏟았다가는 액체가 방울방울 흩어져서 공중에 떠다닐 거야.

앗, 돌아와!

이탈리아 우주국은 커피를 좋아하는 사람들을 위해 우주용 에스프레소 기계와 컵을 개발했어.

→ 무중력 컵
→ 탁자에 붙일 수 있는 흡착판

우주인들이 쓰는 식판은 자석처럼 탁자에 철컥 달라붙어. 그릇과 숟가락, 포크 등은 접착테이프로 식판에 붙여 놓지.

엇, 왜 내가 식판에 붙어 있지?
내 말이.

우주인들은 음식을 먹을 때도 조심해야 해. 자칫 트림이라도 하면 배 속의 음식이 다시 튀어나올 수 있거든. 휴!

우웩! 두 번째 우주여행인데도 이건 적응이 안 되는군.

우주에서 위장으로 살아가기는 결코 만만치 않아. 하지만 가끔 보상을 받기도 해. 얼려서 말린 딸기와 아이스크림 같은 건 정말 맛있어!

| 요모조모 뜯어보기 | ~~ 우주에 가면 생기는 **위험한 일** ~~ |

우주는 인간이 생존할 수 있는 환경이 아니야. 인간은 지구 중력이 미치는 대기권이라는 보호막 안에서만 살 수 있지. 우주 공간이 인간의 건강에 미치는 영향과 화성 탐사의 위험성에 대해 몇 가지 알려 줄게.

몸이 쪼그라드는 느낌이야!

지구의 중력이 미치지 않는 우주에서는 뼈와 근육이 금세 약해지기 시작해. 그렇기 때문에 국제 우주 정거장에 머무는 사람은 날마다 근력 운동을 해야 해.

통통 부은 얼굴

지구에서 심장은 피가 중력을 거슬러서 머리로 올라가도록 펌프질 해. 그런데 중력이 거의 없는 우주 공간에서도 펌프질을 계속해서 우주인은 늘 얼굴이 통통 부어 있어.

으악, 세균은 싫어!

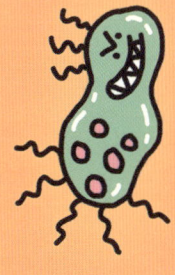

우주에서는 세균을 비롯한 갖가지 미생물이 더 쉽게 번식해. 그래서 우주 정거장 안쪽의 벽과 천장, 바닥에 특수한 화학 물질을 발라서 미생물이 생기는 것을 막아야 해.

눈앞이 번쩍번쩍!

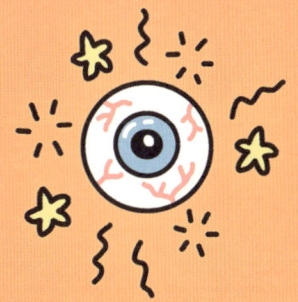

우주에서는 시야가 흐려질 수 있어. 무중력 상태가 눈알의 모양까지 바꾸기 때문이지. 또 해로운 우주 방사선의 영향으로 눈앞에 자꾸 빛이 번쩍이는 느낌이 들 수 있어.

맛이 안 느껴져!

우주에서는 허리 아래쪽에 몰려 있던 피와 세포액이 머리로 많이 올라와. 그래서 심한 감기에 걸렸을 때처럼 음식 맛을 느끼기가 힘들지. 조금이라도 맛있게 먹으려면 음식의 양념을 강하게 하고 아주 뜨겁게 데워서 먹어야 해.

울기도 힘들어!

우주여행이 얼마나 위험한지 알고 나니 기분이 별로라고? 미안하지만 더 나쁜 소식을 알려 줄게. 우주에서는 제대로 울 수도 없어. 눈에서 눈물이 또르르 흘러내리지 않거든!

요모조모 뜯어보기 | 우주 생활은 즐거워!

인간의 우주 탐사는 믿기 힘들 만큼 놀라운 이야기를 많이 남겼어.
그 가운데 가장 신기했던 순간들을 몇 가지 소개할게.

～ 행운의 쉬 ～

1961년 세계 최초로 우주여행에 성공한 소련의 유리 가가린은 우주로 떠나기 직전, 발사대까지 타고 갈 버스의 뒷바퀴에 오줌을 눴어. 오늘날에도 몇몇 우주 비행사들은 행운을 비는 뜻에서 똑같은 행동을 하지. 여성 우주 비행사들은 미리 컵에 오줌을 받아서 바퀴에 뿌린대!

～ 인류를 위한 거대한 쉬 ～

아폴로 11호의 비행사 버즈 올드린은 1969년 세계에서 두 번째로 달에 발을 내디딘 주인공이야. 그리고 세계 최초로 달에서 오줌을 눈 사람이기도 해. 우주복에 문제가 생겨서 그 오줌이 부츠 안으로 흘러 들어간 건 비밀이야!

～ 달에 남긴 아빠의 사랑 ～

우주의 역사에서 마지막으로 달에 간 사람은 아폴로 17호의 비행사 유진 서넌이야. 1972년 달 표면에 발을 내디딘 서넌은 딸 트레이시의 이름 머리글자(TDC)를 달의 땅 위에 썼지. 이 글자는 지금까지 그대로 남아 있어!

우주 마라톤

인도계 미국인 우주 비행사 수니타 윌리엄스는 2007년 우주에서 보스턴 마라톤 대회에 참가하는 특별한 기록을 남겼어! 다른 선수들이 지구에서 마라톤 코스를 달리는 동안 윌리엄스는 국제 우주 정거장의 트레드밀 위에서 달렸지.

우주 콘서트

캐나다의 우주 비행사 크리스 해드필드는 2013년 5월 국제 우주 정거장에서 기타를 치며 데이비드 보위의 〈이상한 우주(Space oddity)〉라는 노래를 불렀어. 그가 노래하는 영상은 유튜브에서 지금까지 5000만 회가 넘는 조회 수를 기록 중이야.

우주로 간 노인

우주 역사에서 가장 나이가 많은 우주인은 캐나다의 영화배우 윌리엄 샤트너야. 2021년 10월 13일 블루 오리진 우주선(119쪽 참고)을 타고 우주로 날아가 10분 동안 머물다가 돌아왔는데, 이때 그의 나이는 아흔 살이었어. 샤트너는 유명한 텔레비전 시리즈 〈스타트렉〉에서 제임스 커크 선장 역할을 했던 배우야.

이것저것의 하루 — 슈퍼 히어로 물곰

새로운 슈퍼 히어로를 소개할게! 움직임은 거북보다 훨씬 느리고……

나도 최선을 다하고 있다고!

힘은 개미보다 약하지. 오호?

나뭇잎조차 뛰어넘지 못할 정도야. 히히, 까불지 마!

흠, 내 이야기를 하고 있군. 나는 몸길이가 1밀리미터도 안 되는 완보동물이야. 물곰 또는 곰벌레라고도 해. 나는 축축하고 습기 찬 곳이라면 어디에서든 만날 수 있어.

맞아. 좀 우습게 들리겠지만 나는 진짜 슈퍼 히어로야!

평소에 나는 그저 축축한 이끼 사이를 기어 다니며 지내. 하지만 아무것도 없는 우주 환경에 오랫동안 직접 노출되고도 살아남은 생명체는 나와 친구들뿐이지.

2007년 유럽 우주국은 우리와 여러 생명체를 대상으로 실험을 했어. 우리를 러시아의 실험 위성에 실어서 12일 동안 우주 공간으로 내보낸 거야. 포톤-M3 호

우주에서 우리는 물기 없이 바싹 마른 상태로 작은 시험관에 들어 있었어. 우리는 지구에서도 환경이 안 좋을 때는 자연스럽게 그런 상태로 지내.

우리 중 몇몇은 우주 방사선에 그대로 노출되었고, 나머지는 우주 방사선을 쬐지 않았어.

우주 방사선을 쬐지 않은 친구들은 지구로 돌아왔을 때 몸이 원래대로 돌아왔어. 아함! 어디 다녀왔던가?

인간은 우주복을 입지 않고 우주 공간에 나가면 1분 이상 버틸 수 없어. 금세 정신을 잃고, 몸이 점점 부풀어 오르다가 태양광에 새카맣게 타서 산산이 부서질 거야. 더 끔찍한 사실은 그 상태로 우주를 끝없이 떠돌아다니게 된다는 거지. 얼려서 말린 닭 다리처럼 말이야! 으악!

어때? 이제 내가 왜 슈퍼 히어로인지 알겠지?

그런데 나한테 슈퍼맨 망토가 잘 어울리려나?

요모조모 뜯어보기

~우주복 입고 살아남기~

우주 비행사가 우주선 밖으로 나갈 때는 반드시 특수한 우주복을 입어야 해. 우주복은 몹시 무겁고 움직이기도 불편해. 하지만 우주 비행사가 숨을 쉴 수 있도록 산소를 공급하고 우주 공간의 엄청난 열기와 방사선으로부터 몸을 보호해 주지. 나사의 우주 비행사들은 우주 탐사가 시작된 40여 년 전부터 지금까지 구조가 똑같은 우주복을 입고 있어. 이 우주복은 입는 데만 45분이 걸리지!

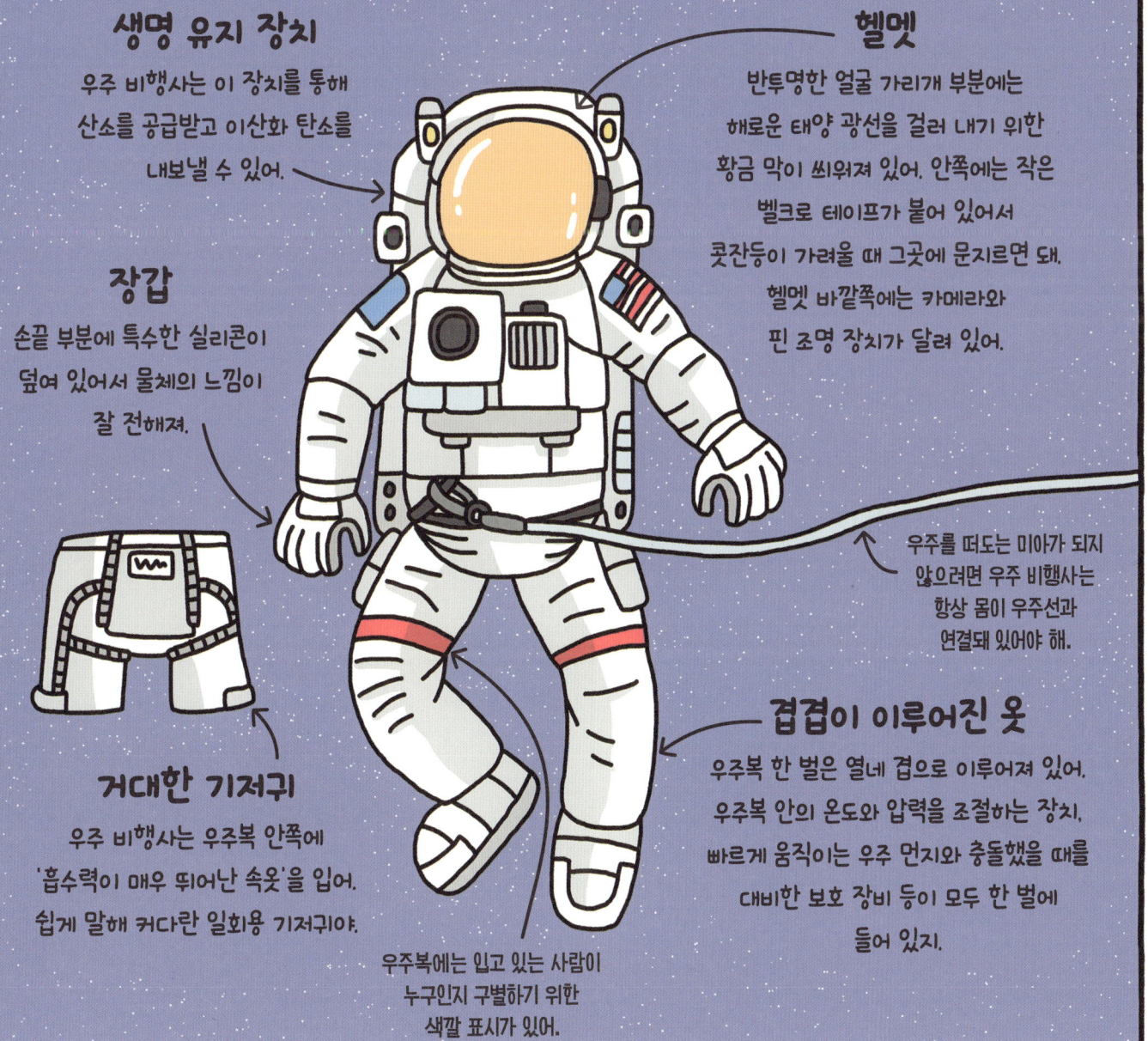

생명 유지 장치
우주 비행사는 이 장치를 통해 산소를 공급받고 이산화 탄소를 내보낼 수 있어.

장갑
손끝 부분에 특수한 실리콘이 덮여 있어서 물체의 느낌이 잘 전해져.

거대한 기저귀
우주 비행사는 우주복 안쪽에 '흡수력이 매우 뛰어난 속옷'을 입어. 쉽게 말해 커다란 일회용 기저귀야.

헬멧
반투명한 얼굴 가리개 부분에는 해로운 태양 광선을 걸러 내기 위한 황금 막이 씌워져 있어. 안쪽에는 작은 벨크로 테이프가 붙어 있어서 콧잔등이 가려울 때 그곳에 문지르면 돼. 헬멧 바깥쪽에는 카메라와 핀 조명 장치가 달려 있어.

우주를 떠도는 미아가 되지 않으려면 우주 비행사는 항상 몸이 우주선과 연결돼 있어야 해.

겹겹이 이루어진 옷
우주복 한 벌은 열네 겹으로 이루어져 있어. 우주복 안의 온도와 압력을 조절하는 장치, 빠르게 움직이는 우주 먼지와 충돌했을 때를 대비한 보호 장비 등이 모두 한 벌에 들어 있지.

우주복에는 입고 있는 사람이 누구인지 구별하기 위한 색깔 표시가 있어.

| 요모조모 뜯어보기 | # 로켓 발사 준비 끝! |

오늘날에는 전 세계의 여러 나라에서 우주 탐사 프로그램을 운영하고 있어. 탐사 로켓을 발사하는 장소는 도시에서 멀리 떨어진 외딴곳 또는 바다와 가까운 곳이야. 연료를 가득 실은 거대한 로켓을 우주로 쏘아 올리는 일은 무척 위험하거든. 가장 널리 알려진 전 세계의 발사 장소 몇 곳을 소개할게.

① 소련의 스푸트니크 1호는 1957년 카자흐스탄의 바이코누르 우주 기지에서 발사됐어. 이때부터 소련과 미국의 우주 경쟁이 시작됐지.

② 1961년 미국 최초의 우주 비행사 앨런 셰퍼드는 플로리다주에 있는 케이프커내버럴 우주군 기지에서 머큐리-레드스톤 3호를 타고 우주로 날아갔어.

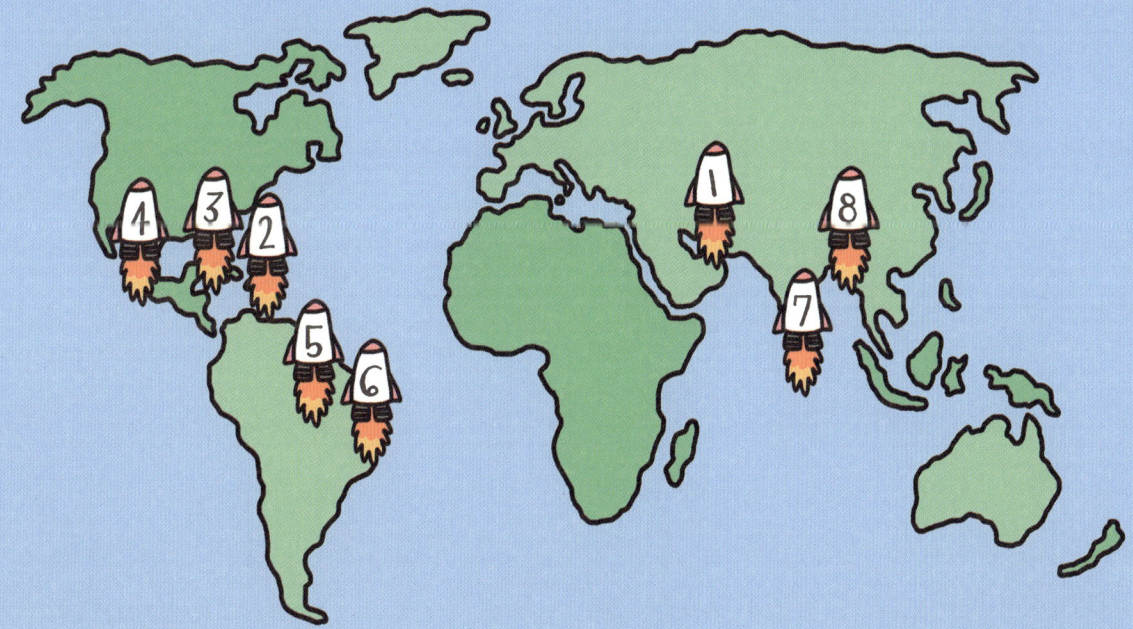

③ 플로리다주에 있는 케네디 우주 센터는 1969년 세계 최초로 인간을 달에 착륙시킨 아폴로 11호가 발사된 곳이야.

④ 미국 뉴멕시코주에 있는 스페이스포트 아메리카는 민간 기업의 우주여행 서비스를 이용하는 관광객들을 위한 우주 비행장이야.

⑤ 유럽 우주국에서 개발한 우주선은 대부분 남아메리카의 프랑스령 기아나에 있는 기아나 우주 센터에서 발사됐어.

⑥ 브라질 북동부에는 브라질 우주국의 발사 기지인 알칸타라 우주 센터가 있어.

⑦ 인도 우주연구기구는 벵골만의 스리하리코타 섬에 있는 사티시 다완 우주 센터에서 위성을 쏘아 올려.

⑧ 중국에서 가장 큰 로켓 발사 장소는 네이멍구 자치구의 고비 사막에 있는 주취안 위성 발사 기지야.

이것저것의 하루: 우주로 떠난 마네킹

지구에 있는 사람들은 당연히 내가 인형인 줄 알겠지? 그럴 만도 해.

지금 나는 지붕이 없는 자동차를 타고 시속 4만 킬로미터로 우주 공간을 씽씽 내달리고 있거든. 유후!

내가 탄 테슬라 로드스터는 로켓의 맨 끝단에 붙어 있어. 지금은 로켓의 성능을 시험하는 중이고, 나는 우주복을 입은 마네킹이야.

오늘은 2018년 2월 6일이야. 나를 우주로 데려온 로켓은 바로 몇 시간 전 미국의 케네디 우주 센터에서 발사된 팰컨 헤비야.

팰컨 헤비는 민간 우주 탐사 기업 스페이스X에서 설계했어. 현재 세계에서 가장 강력한 발사체지. 다시 사용할 수 있는 로켓 추진 장치가 붙어 있어.

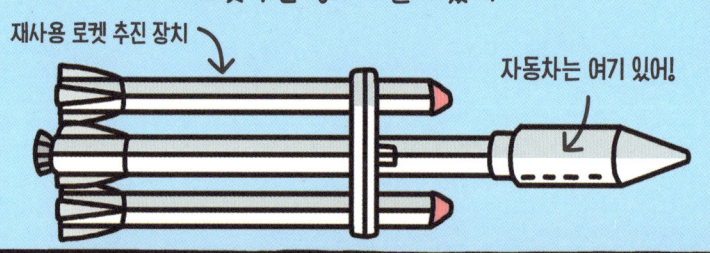

재사용 로켓 추진 장치 ↙   자동차는 여기 있어! ↘

팰컨 헤비가 발사된 후, 로켓 추진 장치는 다시 지구로 돌아갈 거야.

집에 돌아오니 좋군!

하지만 나는 지구 궤도에 홀로 남겠지.

스페이스X의 로켓들은 나사의 우주 비행사들과 물자를 드래곤 우주선에 실어 국제 우주 정거장으로 보내는 일을 하고 있어.

그 비행사들이 우주 공간에 머무는 시간은 그리 길지 않아. 하지만 나는 앞으로 화성을 거쳐 그 너머까지 신나는 음악을 들으며 오래오래 여행할 거야.

행운이 따른다면 나의 우주여행은 영원히 계속될지도 몰라. 그럼 나를 인형이라고 우습게 보진 않겠지? 이만 안녕.

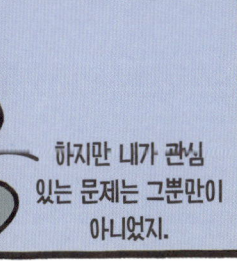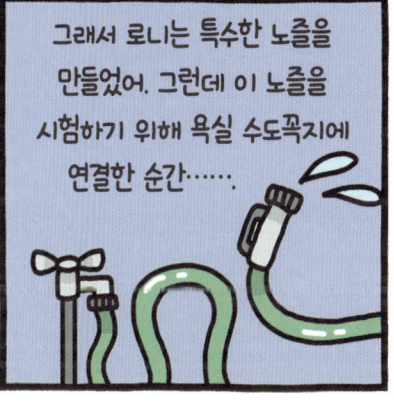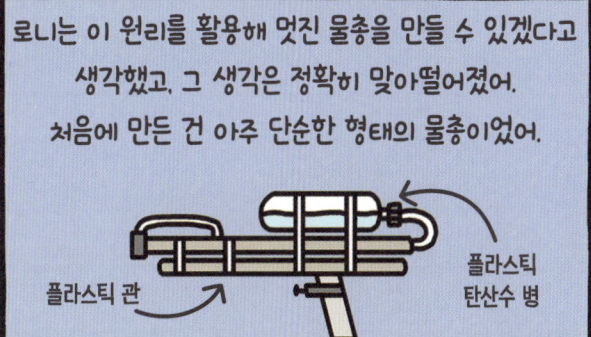

| 요모조모 뜯어보기 | ~~ 우주 개발에서 시작된 발명품 ~~ |

인간이 우주 탐사를 시작한 지는 그리 오래되지 않았어.
하지만 덕분에 우리는 벌써 여러 면에서 많은 혜택을 입었지.
다음의 발명품이 우주 과학 기술에서 비롯되었다는 걸 알면 아마 깜짝 놀랄 거야!

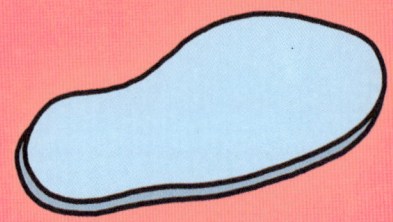

우주 담요
등산이나 캠핑할 때 비상용으로 챙기는 얇은 알루미늄 이불은 원래 태양 광선으로부터 우주선을 보호하기 위해서 만든 거야.

냄새를 잡자!
발에 땀이 많은 사람들이 고약한 발 냄새를 줄이기 위해 신발 안쪽에 끼워 넣는 특수 깔창 알지? 그 깔창의 재료는 밀폐된 국제 우주 정거장의 퀴퀴한 공기 냄새를 없애는 데도 쓰여.

초소형 카메라
휴대 전화에 달린 아주 작은 카메라도 원래 우주에서 사용할 목적으로 1990년대에 처음 개발됐어.

복잡한 건 싫어!
무선 헤드폰은 우주복에 연결하는 갖가지 전선과 케이블의 수를 줄이기 위한 발명품이었어.

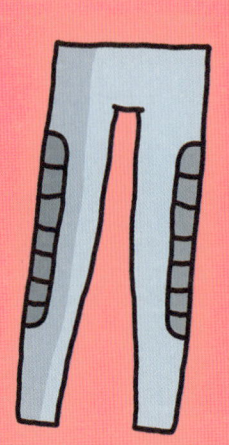

신발 속에 공기가?
나이키 에어 운동화의 독특한 바닥 창은 원래 우주복을 디자인하는 과정에서 생각한 거야.

기능성 바지
자동차 경주 선수들은 첨단 기술 소재로 된 속옷을 입어. 이 소재는 우주 비행사들의 편안하고 쾌적한 우주 생활을 위해 개발된 거야.

요모조모 뜯어보기

다시 달을 향해! 아르테미스 계획

인간이 마지막으로 달에 간 때는 1972년이야. 현재 나사는 몇몇 다른 나라의 우주국과 힘을 합쳐 2020년대가 끝나기 전까지 역사상 최초로 여성과 유색 인종 우주인을 달로 보낼 계획을 세우고 있어. 이 계획의 이름은 '아르테미스'야. 그리스 신화 속 아폴로 신의 쌍둥이 여동생의 이름을 따 붙였어. 이 계획에서는 현재 만들고 있는 '우주 발사 시스템'이라는 거대 발사체를 이용해 사람들을 달로 보낼 거야. 언젠가는 화성까지 보낼 수 있을지도 모르지!

우주 발사 시스템

첫 번째 우주 발사 시스템의 높이는 98미터가 될 거야. 뉴욕에 있는 자유의 여신상보다 더 크지. 나중에는 훨씬 더 큰 발사체를 만들 예정이래.

인간 착륙 시스템

일론 머스크가 경영하는 민간 우주 탐사 기업 스페이스X에서는 현재 '인간 착륙 시스템(스타십 HLS)'이라는 새로운 달 착륙선을 개발 중이야.

달 게이트웨이

달 게이트웨이는 달 궤도를 계속 도는 작은 우주 정거장이야. 이 정거장이 생기면 더 많은 사람들이 달에 발을 내디딜 수 있을 거야.

멋진 새 우주복

현재 나사에서 개발 중인 우주복은 우주선 안에서 입는 옷과 밖에서 입는 옷이 따로 있어. 특히 이번에는 남녀 우주 비행사를 모두 고려해서 디자인할 예정이야.

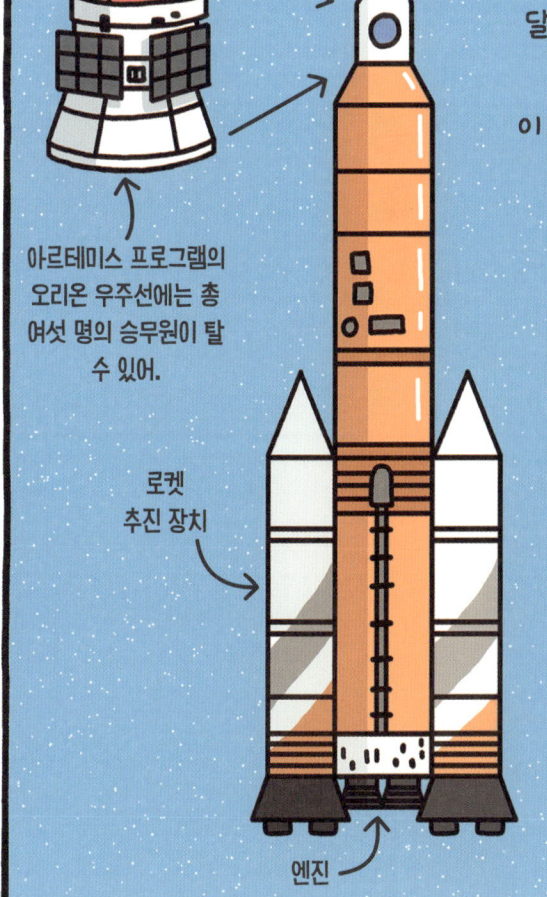

아르테미스 프로그램의 오리온 우주선에는 총 여섯 명의 승무원이 탈 수 있어.

로켓 추진 장치

엔진

우주선 안에서 입는 옷

우주 밖에서 입는 옷

꿈은 이루어진다!

이것저것의 하루

안녕? 나는 우주여행이라는 꿈이야.

메리 월러스 펑크라는 여든두 살 미국 할머니가 꾼 꿈이지.
그냥 '월리'라고 부르렴.

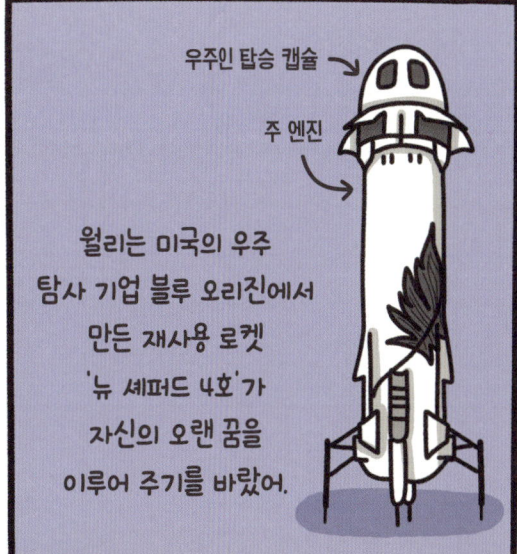
우주인 탑승 캡슐
주 엔진

월리는 미국의 우주 탐사 기업 블루 오리진에서 만든 재사용 로켓 '뉴 셰퍼드 4호'가 자신의 오랜 꿈을 이루어 주기를 바랐어.

월리는 비행 교관이었던 이십 대 시절부터 우주여행을 꿈꾸었거든.

1960년대 초, 월리를 포함한 열세 명의 여성은 우주 비행사가 되기 위한 각종 시험과 힘든 훈련을 모두 마쳤어. 사람들은 우리 열세 명을 '머큐리 13'이라고 불렀단다.

하지만 그들은 우주로 나가지 못했어. 단지 여성이라는 이유로 말이야!
와장창!

월리는 꿈을 포기하지 않고 비행을 계속했어. 1970년대 후반에는 우주 왕복선 조종사에 지원했지만 또다시 거절당했지.
또 와장창!

2021년, 여든두 살이 된 월리는 뉴 셰퍼드 4호의 첫 번째 민간인 우주 비행에 초청받았어. 월리와 함께할 또 다른 승객은 아마존의 창립자이자 블루 오리진의 최고 경영자인 제프 베이조스였어.

1. 로켓 발사
2. 우주선 분리
3. 추진 장치 지구 귀환
4. 우주를 비행하는 우주선
5. 낙하산을 타고 착륙하는 우주선

2021년 7월 20일, 월리는 제프 베이조스와 그의 동생 마크 베이조스, 네덜란드의 열여덟 살 청년 올리버 데이먼과 함께 우주선에 탑승했어. 월리는 마침내 오랜 꿈을 이루었을까?

월리 / 제프 / 마크 / 올리버

맞아! 월리를 태운 우주선은 카르만 라인을 지나 우주 안으로 들어갔어.
만세! 드디어 해냈다!

그때 월리는 세계에서 가장 나이 많은 우주인이었어.
난 가장 어린 우주인이야!
멋지지? 이제 내가 할 일은 끝났어. 이만 안녕!
펑!

요모조모 뜯어보기 | 여전한 미스터리! 유에프오

아직까지 우주에서 생명체가 존재한다고 알려진 곳은 오직 지구뿐이야.
하지만 많은 사람들이 어딘가에 외계 생명체가 있으며, 어쩌면 지구를 찾아온 적도 있을 거라고 믿고 있지.
유에프오를 보았다는 주장 가운데는 장난으로 밝혀진 것도 있지만,
여전히 미스터리로 남은 것도 있어. 가장 유명한 '외계인 목격담' 몇 가지를 들려줄게.

하늘을 나는 접시

케네스 아놀드라는 비행기 조종사는 1947년 미국 워싱턴주 하늘에서 아홉 개의 은빛 형체가 날아가는 광경을 보았다고 주장했어. 당시 신문에서는 그 형체들을 '비행접시'라고 불렀지. 이후 전 세계에서 유에프오에 대한 관심이 커졌고 오늘날까지 이어지고 있어.

가짜 유에프오

1950년대에 폴란드 출신의 미국인 조지 아담스키는 유에프오처럼 보이는 사진을 찍었어. 하지만 슬프게도 이 사진은 일부러 꾸민 가짜로 밝혀졌지.

'와우'의 이유

1977년 미국 오하이오주립대학교에 설치된 전파 망원경에 궁수자리에서 나오는 강한 전파가 잡혔어. 순간 깜짝 놀란 한 천문학자는 전파의 움직임이 표시되는 그래프 옆에 '와우(wow)!'라는 글자를 써넣었지. 강한 전파가 생긴 이유는 아직까지 밝혀지지 않았어.

하늘에 무슨 일이?

2021년 미국 공군에서는 지금까지 전투기 조종사들이 보고한 유에프오 목격담 가운데 정체를 정확히 밝힐 수 없던 것들이 140건이 넘는다고 인정했어. 하지만 공군에서는 이것을 유에프오가 아닌 '유에이피(UAP, 설명되지 않은 공중 현상)'라고 부르고 싶어 해.

단어 뜻을 알려 줄게!

이제 우리를 둘러싼 우주에서 날마다 엄청 많은 일이 일어난다는 걸 알았을 거야. 그만큼 새로 배워야 할 단어도 많지. 지금부터 너희가 이 책을 읽으면서 맞닥뜨렸을 어려운 말이나 표현의 뜻을 간단하게 설명해 줄게.

ㄱ

가시광선
인간의 눈에 보이는 빛. 인간의 눈은 무지개 색으로 대표되는 빛들만 볼 수 있어. 자외선이나 적외선 같은 그 밖의 빛은 볼 수 없지.

고도
어떤 기준을 두고 잰 물체의 높이를 말해. 보통 바닷물의 표면을 '0'으로 삼아.

공전
한 천체가 다른 천체의 둘레를 일정하게 도는 일. 행성이 태양의 둘레를 빙빙 돌거나 위성이 행성의 둘레를 도는 걸 말해.

광년
빛의 속도로 1년 동안 나아가는 거리. 1광년은 약 9조 5000억 킬로미터야.

국제 우주 정거장(ISS)
1998년부터 지구 궤도를 돌고 있는 인공위성. 여러 나라에서 온 우주 비행사들이 임무를 수행하기 위해 머무는 곳이야.

궤도
우주의 천체가 별이나 행성, 또는 위성을 중심으로 공전할 때 따라가는 길.

ㄴ

나사(NASA)
미국 중앙 정부에서 우주 개발과 탐사를 위해 세운 기관. 'NASA'는 미국 항공우주국(National Aeronautics and Space Administration)의 머리글자를 딴 거야.

ㄷ

다중성계
서로의 주위를 도는 세 개 이상의 별 무리. 보통 두 별은 서로를 중심으로 돌고, 세 번째 별은 그 두 별의 주위를 멀리 에두르듯이 돌아.

도킹
인공위성이나 우주선 같은 것들이 우주 공간에서 서로 결합하는 일을 말해.

ㅁ

무인 우주 탐사선
사람이 타지 않은 우주선. 정보를 모아서 지구로 전달하는 일을 주로 해.

물질
물체를 이루는 재료 또는 바탕.
상태에 따라 고체, 기체, 액체로 나뉘어.

미생물
현미경을 사용해야만 볼 수 있는 아주 작은 생명체.

ㅂ

방사선
방사능 물질로 이루어진 아주 작은 입자.
인간과 동물을 비롯한 생명체가 우주 방사선에 노출되면 매우 위험할 수 있어.

별자리
밤하늘에 어떤 무늬나 그림을 이루고 있는 것처럼 보이는 별들의 무리.

볼록달
반달과 보름달 사이의 달.
기우는 볼록달과 차는 볼록달이 있어.

ㅅ

생태계
한 지역에 함께 사는 모든 식물과 동물 및 그들 사이의 관계를 통틀어 이르는 말.

선외 활동(EVA)
우주여행 중에 우주선 밖으로 나가서 하는 일.

성간 물질
별과 별 사이의 공간, 즉 성간 공간에 있는 모든 물질을 이르는 말.
성간 기체, 성간 티끌, 자기장 따위로 이루어져 있어.

성간운
성간 물질이 주변보다 많이 모여 구름처럼 보이는 것.

소련
유라시아 대륙 북부에 있던 러시아 제국을 비롯한 15개 공화국으로 이루어진 사회주의 연방 국가.
1991년에 해체되었어.

소행성
태양 주위를 도는 암석으로 이루어진 천체.
행성과 비슷하지만 크기가 훨씬 작고 다양해.

스페이스X
일론 머스크가 세운 미국의 기업.
우주선과 로켓을 설계하고 제작하는 일을 하고 있어.

신월
음력 초하루에 지구에서 보이는 실처럼 가는
눈썹 모양의 달.

쌍성계
서로의 궤도를 도는 두 개의 별.

— o —

에어 록
기압 차이가 큰 두 공간 사이를 오갈 때 이용하는 방.
우주 비행사들은 우주선 밖으로 나갈 때
먼저 에어 록에 들어간 뒤 우주선 밖으로
통하는 문을 열고 나가.

오로라
태양에서 나온 입자가 극지방의 공기 알갱이와
부딪쳤을 때 하늘에 생겨나는 화려한 색깔의 빛 그림.

오존
산소 원자 세 개로 이루어진 푸르스름한 기체.
지구 표면을 둘러싼 오존층은 해로운 태양 광선으로부터
지구를 보호해 줘.

외계
지구 바깥의 세계.

우주
은하, 별, 행성, 위성, 소행성, 성운, 성간 물질 등
모든 천체를 품고 있는 공간.

우주 경쟁
1957년부터 1975년까지 미국과 소련이 우주 탐사와
개발에서 서로 앞서 나가기 위해 치열하게 싸웠던 것.

우주 비행사
우주여행에 필요한 모든 훈련을 마치고 대기권을 벗어나
우주로 나간 사람.

우주 유영
우주 공간을 비행하던 우주 비행사가
우주선 밖으로 나가 움직이는 것.

운석
지구 표면에 떨어진 유성체.

원소
물질을 이루는 기본 성분. 더는 다른 물질로 나뉘지 않지.
어떤 원소들이 있는지 궁금하다면 주기율표를 봐!

원자
물질을 이루는 기본 단위.
하나의 핵과 여러 개의 전자로 이루어져 있어.

위성
다른 행성의 주위를 도는 천체. 달은 지구의 위성이야.

유럽 우주국(ESA)
유럽의 22개 나라가 공동 우주 개발을 위해
1975년에 세운 기구.

유성
작은 유성체가 지구의 대기와 부딪쳐
불타는 것. 별똥별이라고도 해.

유성체
혜성이나 소행성에서 떨어져 나와
우주를 날아다니는 돌덩이.

은하
별과 성간 물질로 이루어진 세계. 지름이 수백만 광년에
다다르고 그 안에 별을 수조 개씩 품고 있는 은하도 있어.

인공위성
지구 주위를 돌도록 로켓으로 쏘아 올린 장치.
정보를 모아서 지구로 보내거나 교환하는 일을 해.

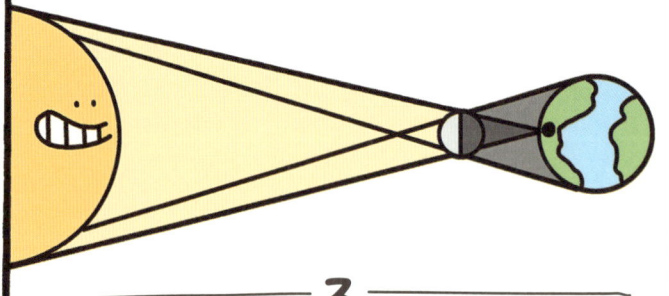

ㅈ

점성학
별과 행성의 움직임이 사람들의 삶에 영향을 미친다는
믿음에 바탕을 둔 비과학적 학문.

전하
물질을 이루는 아주 작은 알갱이들이 띠고 있는
전기적인 성질. 양(+)전하와 음(-)전하가 있어.
같은 성질은 서로 밀어내고, 다른 성질은 서로 끌어당겨.

진공
어떤 종류의 물질도 존재하지 않는 완전히 텅 빈 공간.

질량
물체가 지니고 있는 물질의 양.

ㅊ

천문대
우주를 관측하고 연구하기 위한 기지로 쓰이는
건물이나 구조물. 대개 천체 망원경을 갖추고 있어.
허블 우주 망원경처럼 우주로 쏘아 올린 망원경도
천문대라고 할 수 있어.

천문학
우주에 대한 과학적 학문.

천체
별, 행성, 인공위성, 성운 등 우주에 있는 모든 물체를 통틀어 이르는 말.

초승달
음력 초사흗날 서쪽 밤하늘에 보이는 눈썹처럼 폭이 좁고 휘어진 달.

ㅋ

카이퍼 띠
해왕성 궤도 바깥쪽에서 고리 모양을 이루며 돌고 있는 얼음덩어리들.

코로나
태양을 비롯한 별의 바깥쪽 대기.

크레이터
행성 또는 위성의 표면에 있는 커다란 구덩이. 소행성이나 혜성과 충돌해서 생겨날 때가 많아. 달 표면의 크레이터는 크기가 무척 커서 지구에서 맨눈으로도 볼 수 있어.

ㅎ

행성
별을 중심으로 도는 거대한 공 모양의 천체.

혜성
얼음, 암석, 먼지가 한데 얼어붙어서 생긴 태양계 안의 천체. 태양과 가까워지면 수만 킬로미터까지 이어지는 기다란 꼬리가 나타나.

효모
흔히 빵을 부풀릴 때 사용하는 균류.

빠르게 찾아봐!

이 책에 나온 이것저것 가운데 재빨리 알아보고 싶은 내용이 있니?
그렇다면 여기서 찾아봐!

근지구 천체	63	우주 동물들	77~79, 90~91, 110
금성	19	우주 비행사	25, 80~83, 86~88, 104~109, 111, 117, 119
달	24~27, 83~85, 87		
대기권	11	우주 정거장	88~92, 117
로켓	70~72, 74~75, 84, 98, 113~114, 117	운석	37
		유성체	36
망원경	100~103	유에프오	62, 120
명왕성	42	은하	60~61
목성	32~35	인공위성	76
무인 우주 탐사선	98~99	일식	27
별	50~53, 55~59	중력	12~13
블랙홀	54	지구	20~21
빅뱅	64~65	천왕성	40
성운	48~49	태양	14~17, 52
소행성	30~31, 63	태양계	8~9
수성	18	태양풍	22~23
슈퍼 지구	67	토성	38~39
암흑 물질	66	해왕성	41
암흑 에너지	66	혜성	45~47, 96~97
오르트 구름	44	화성	28~29, 118
우주 경쟁	72~73		

글 마이크 바필드 그림 제스 브래들리 옮김 김현희

이 책을 지은 마이크 바필드와 제스 브래들리
그리고 번역자 김현희 선생님은 하루 종일 무슨 일을 할까?

마이크 바필드

나는 영국 노스요크셔 주에 사는 작가이자 만화가야.
책을 써서 훌륭한 상을 받기도 했어. 어릴 때부터
하늘의 별을 찾아보는 걸 좋아했어. 요즘도 우주에서
벌어지는 흥미진진한 광경을 놓치고 싶지 않아서 종종
한밤중에 일어나곤 해. 하지만 내가 사는 지역은
하늘에 구름이 끼는 흐린 날이 많아서 슬퍼.

제스 브래들리

나는 영국 토키 출신의 삽화가이자 만화가야.
잡지에 정기적으로 글과 그림을 싣고,
어린이 책에 들어가는 예쁜 삽화를 그려.
낮에는 간단한 스케치를 하거나 무서운 영화를 보고,
아들과 비디오 게임 대결을 하기도 해.

김현희

나는 대학에서 프랑스어와 영어를 공부했고
지금은 외국의 좋은 책을 우리말로 옮기는 일을 하고 있어.
모두가 잠든 고요한 밤에 올빼미처럼
사부작사부작 활동하는 걸 좋아해.